도둑맞은 페미니즘
One-Dimensional Woman

ONE-DIMENSIONAL WOMAN
by Nina Power

ONE-
DIMENSIONAL
WOMAN

도둑맞은 페미니즘

니나 파워
Nina Power

김성준 옮김 ㅣ 미셸 퍼거슨 해설

EDÍTUS

도둑맞은 페미니즘

원제 : 일차원적 여성 One-Dimensional Woman

제1판 1쇄 2018년 04월 10일

지은이 니나 파워
옮긴이 김성준
해설 미셸 퍼거슨
펴낸이 연주희
펴낸곳 에디투스
등록번호 제2015-000055호(2015.06.23)
주소 경기도 성남시 분당구 장미로 101
전화 070-8777-4065
팩스 0303-3445-4065
이메일 editus@editus.co.kr
홈페이지 www.editus.co.kr
제작처 (주)상지사피앤비

ISBN 979-11-960073-6-2 03330
이 도서의 국립중앙도서관 출판예정도서목록(CIP)는 서지정보유통지원시스템 홈페이지(seoji.
go.kr)와 국가자료공동목록시스템(www.nl.go.kr/kolisnet)에서 이용하실 수 있습니다.(CIP 제어번
호: CIP 2018009618)

한국어판 출간에 부쳐

『도둑맞은 페미니즘(원제: 일차원적 여성)』은 2009년 영국에서 처음 출간됐다. 이 짤막한 책은 페미니즘의 현 상황에 대해 때로는 분노하기도 하고 때로는 즐거워하기도 하며 써 냈던 나의 논평들을 엮은 것이다. 나는 이 책을 통해 21세기의 첫 십 년 동안 특히 노동이나 소비주의, 문화 등과 관련된 보다 광범위한 영역에서 여성이 처하게 된 상황을 성찰해 보고자 했다. 당시 나는 페이스북이나 트위터가 지배력을 갖게 되기 전까지 우리 삶의 중요한 일부를 이루던 블로그식 언어에 기대어 약간은 비꼬는 듯한 자세를 취했다―여기서 '우리'라는 말은 주로 정치나 음악에 강한 흥미가 있었던 나와 몇몇 친구들을 일컫는다. 이 당시에도 그리 멀지 않은 기억에 2003년 이라크 전쟁 반대 시위 같은 큰 정치적 시위가 있었지만, 정치적 분노, 특히 페미니즘적인 유형의 정치적 분노는 궁지에 몰린 것처럼 보였다.

그 뒤로 얼마나 많은 것들이 변했던가! 내가 쓴 이 책은 비록 전全지구적 경제 위기가 발발한 직후에 출간되긴 했지만, 그 위기가 도래하기 전의 시간에 대해 말하고 있다. 내가 묘사했던 친기업적이고 소비주의적인 유형의 이데올로기들—여성들에게 '맞부딪혀서 기회를 잡으라'고 권고하는 셰릴 샌드버그Sheryl Sandberg 같은 사람의 'CEO 페미니즘'이나, 마치 쇼핑이 삶에서의 주된 목적인 양 여성을 모욕적으로 그것과 연결하는 시각—은 여전히 존재하며, 특히 세계의 보다 부유한 지역에서 아직 건재하다. 그러나 영국을 포함한 많은 나라들에서 이뤄진 긴축을 강요하는 정치적 결정들은, 이러한 이데올로기적 압력을 더 이상 필요 없는 것으로 만들었다. 사람들에게 자신의 노동력을 가능한 한 싼 값에 파는 것 외에 다른 선택의 여지가 없는 상황에서는, 파견업체의 이름을 예쁘게 짓거나 '노동을 여성화하는' 일에 돈을 낭비할 이유가 없다. 전 지구적 경제 위기 이래 세계는 점점 더 분명하게 부자와 빈자로 나눠지게 되었다(부자는 점점 더 부자가 되고 빈자는 점점 더 가난해졌다). 그 어느 때보다 급격하게 공적 부문의 일자리와 복지 지원이 사라져 버린 영국과 여타 지역에서, 여성들은 긴축 정책으로부터 직접적인 타격을 받았고, 지금도 계속해서 타격을 받고 있다.

그러나 세상이 으스스했던 만큼이나 우리는 간간히 반대의 거대한 물결들을 볼 수 있었고, 대규모의 정치적 동원이 성공하는 장면들을 목격하기도 했다. 영국에서는 2010년 등록금 인상에 반대하는 학생들의 점거 시위와 가두시위가 있었고, 이어 2011년 여름에는 커다란 소요가 발생했다. 이와 더불어 이주민 배제나 예산 삭감에 저항하는 많은 다른 운동들이 있었다. 올해(2017년) 1월 미국에서는 (워싱턴 D.C.에서만 10만여 명이 참여한) 커다란 규모의 여성 행진이 있었고, 국제 여성 파업이나 '밤길 되찾기Reclaim the Night' 운동 같은 큰 이벤트들도 성사됐다. 하지만 같은 시기 영국과 유럽에서는 (종종 여성이 이끄는) 극우 정당들의 인기몰이를 지켜보아야 했다(특히 강경한 반反이민 정책을 고수한 영국 정치인 테레사 메이Theresa May나 프랑스의 파시스트 마린 르 펜Marine Le Pen을 보라). 여성이 계급에 따라 분열되어 있다는 것, 그리고 때때로 여성 개인이 여성에게 가장 큰 피해를 입히는 정책의 실행자가 될 수 있다는 것은 비밀이 아니다. 같은 시기에 우리는 성추행을 공개적으로 시인한 남자 도널드 트럼프에게 힐러리 클린턴이 패배하는 것을 목격했고, 하비 와인스틴Harvey Weinstein의 성추문 폭로와 함

께 할리우드에서 촉발된 미투 해시태그#metoo 운동의 등장
도 지켜보았다(비록 미투 캠페인은 활동가 타러너 버크Tarana
Burke가 가난하고 주목받지 못하는 공동체들에서의 성적 학대 문제
를 토론하기 위해 2006년에 처음 제안한 것이긴 하지만 말이다).
어쨌든 미투 해시태그 캠페인은 점점 더 확산되면서, 그들
의 주장대로 남자들이 여성들에게 가하는 성폭력이 얼마나
광범하게 퍼져 있는지에 대한 '전 지구적 토론'을 촉발시켰
다. 그리고 이 대화—그러나 오로지 여성들만 말한다면 과
연 이것이 대화인가?—는 아무래도 금방 끝날 것 같지가 않
아 보인다. 남미는 더 거대한 페미니즘 사회운동을 목도하
기도 했다. 여성 살해와 성희롱, 그리고 삶의 모든 영역에서
여성에 대한 불평등한 처우에 대해 항의하는 니우나메노
스#NiUnaMenos('한 명도 적지 않다') 운동은 아르헨티나에서
처음 시작되었지만, 곧 모든 곳으로 퍼져 나갔다.

우리가 현재 굉장한 규모의 페미니즘 풀뿌리운동과
우익 여성 지도자들을 동시에 목격하고 있다는 건 무엇을
의미하는가? 수차례의 성폭력 혐의 제기에도 불구하고 기
어이 당선되고야 마는 남자들과, 자본주의가 평등을 가지
고 올 거라고 생각하는 여자들이 나란히 공존한다는 건 무
슨 의미인가? 나는 2009년에 이 텍스트들을 편집할 때, 자

유주의적이고 소비주의적인 양식의 페미니즘("모든 것은 선택이다")이 됐건, 제국주의적이고 기회주의적인 양식의 페미니즘("우리는 여성을 구하기 위해 이 나라들을 폭격해야 한다")이 됐건, 오늘날의 페미니즘에 대한 우리의 사유에서 **빠져** 있는 한 조각이 바로 자본주의임을 시사하고자 했다. 만약 우리의 세계 이해에서 이윤 추구적 동기와 노동에 대한 분석을 제외해 버린다면, 우리는 오로지 전체 그림의 파편만을 갖게 될 것이다. 또한 우리는—우익 성향의 인물들과 전쟁광들의—공허한 페미니즘 선언에 쉽게 속아 넘어가게 될 것이다. 내가 이 책을 집필하던 시기에는 **어떤 것들도 다** 페미니즘적인 것이 될 수 있는 것처럼 보였고, 이러한 현상이 페미니즘이라는 단어의 의미를 텅 비게 만드는 것처럼 생각됐다. 물론 내가 이런 말을 한 유일한 여성은 아니었다. 어떤 면에서 내가 활용하고 싶었던 것은 이렇게 페미니즘을 훔쳐 가려는 시도에 대한 집단적인 격노와 당혹감이었다. 혼란스러운 시절이었다—제2의 물결 페미니즘의 제안들이 교육 분야와 보다 광범위한 문화 분야에서 굉장히 성공적이었던 까닭에, 우리는 여성의 이름으로 해방될 것이라고 약속받았었다('너의 성별이 네 발목을 잡게 하지마'). 하지만 이와 동시에 고정된 젠더 역할이나 전형화된 성별 스테레오타입의 문제에서는 엄청난 수준의 퇴보가 있었다. 여기에 더해, 그전까지는 항상 반反페미니스트였던 사람들이 전쟁을 일으키려고 페미니즘이라는 단어를 활용하기 시작했다―어쩌면 페미니즘이 언제나 이랬는지도 모르겠지만, 1990년대와 2000년대에 걸쳐 우리가 겪어온 진보와 퇴보의 과정은 이렇게 반복됐다.

내가 생각건대, 그 후 페미니즘은 다양한 방식으로 삶에 복귀했다. 페미니즘은 다양한 온라인 활동과 가두시위, 그리고 새로운 학문적 사유들이 폭발해 나오는 장소였다. 세계가 심지어 더 끔찍한 장소가 되었고 성별 간 불평등이 훨씬 더 현저해졌다는 이유 때문에라도, 페미니즘이 '과거'에나 필요한 것이었다고 거짓말을 하거나, 페미니즘에 대해 비꼬는 태도를 취하는 것은 불가능해졌다. 물론 이것이 한때 내가 그럴 뻔했던 것처럼 많은 사람들로 하여금 페미니즘에 부정적인 입장을 취하는 것을 막아내진 못했다. 인터넷은 웹2.0으로 스스로를 되풀이하며 페미니즘적 입장이 광범위하게 이해되고 채택되는 데 역설적이면서도 굉장히 중요한 역할을 수행했다. 많은 경우 페미니즘은 소비자 자본주의의 이데올로기를 보완하는 존재로 존속해 왔지만―이른바 '능력자의 선택적 페미니즘choicey-choice feminism'이라고 불리는 것으로, 이 입장에 따르면 개인의 결정이야말로 가장 중요한 것이고 가부장제나 인종주의에 대한 구조적 분석은 부차적인 것으로 취급된다—동시에 교차성 페미니즘intersectional feminism에 대한 활발한 토론도 함께 이뤄져 왔다. 교차성 페미니즘은 아프리카계 미국인 여성이 법체계 안에서 겪게 되는 인종, 젠더, 계급 등의 중첩된 억압에 대한 킴벌리 크랜쇼Kimberlé Crenshaw의 독창적인 분석을 받아들인 뒤, 이를 보다 광범위한 사회적 삶 안에서의 억압에 대해 사유하고 논의하기 위해 확장시킨 것이다. 물론 미투 운동 이전에도 존재했던 성폭력에 대한 인터넷에서의 대화들은 트럼프 대통령의 취임에 즈음한 거대한 가두시위의 성사에 기여하기도 했다.

내가 예전에 '주류 페미니즘'이나 '페미니즘™'에 대해 매우 비판적이었던 만큼, 인터넷 페미니즘의 몇몇 피상적인 측면들을 폄훼해 버리는 것은 쉬운 일일 것이다. 그러나 이보다는 아마도 예상치 못했던 온라인 페미니즘의 부상이 어떤 결과를 가져오게 될 것인가를 묻는 것이 더 흥미로운 일일 것이다—결국 광범위하게 퍼져 있는 남성과 여성 간의 위계적 관계를 변화시키고, 노동에서부터 재생산에 이르는, 그리고 사랑에서부터 향락에 이르는(이들 중 어떤 것들은 중첩될 수 있을 것이다!) 우리 삶의 모든 측면에서 여성을 위한 정의justice를 요구하는 것이 아니라면, 과연 우리가 바라는 것이 무엇이겠는가? 어떻게 인터넷은 거기에 접속할 수 없는 여성들까지 포함하는 오프라인에서의 여성들의 삶을 개선시키는 데 기여할 수 있을 것인가?(2016년 현재 세계 인구의 절반 이하의 사람들만 인터넷에 접속할 수 있다.)

나는 페미니즘에 있어서 유머의 역할에 대해 많은 것들을 이야기할 수 있을 거라고 생각한다. 십 년 전에 내가 살펴봤을 때는 (공정하건 그렇지 않건 내 입장에서는) 젊은 여성들을 위해 씌어진 많은 페미니즘 도서들로부터 그다지 많은 유머를 찾을 수 없었다. 내게는 이 책들이 페미니즘은 그저 훌륭한 것이고, 상황이 계속해서 훨씬 나아지고 있다는 생각을 밀어붙이기 위해 종종 지나치게 진지하고 예민하게 구는 것처럼 보였다. 나는 그들이 그렇게 함으로써 바라는 것이 무엇인지 아주 잘 이해하고 있지만—아마도 이건 간절히 바라면 이루어진다는 식의 소원 성취형 사고라고 부를 수 있을 것이다—그렇다고 그들이 말하는 것이 사실이 되지는 않는다. 자본주의는 페미니즘을 더 이상 불필요한 것으로 만들지 못했다—오히려 자본주의는 페미니즘이 왜 필요한가를 보다 분명하게 보여줬다. 나는 페미니즘이 실패를 다룰 수 있는 능력, 즉 역사적 약속들이 여성들이 희망

했던 해방적 승리로부터 벗어나는 지점들을 지적할 수 있는 능력을 갖출 필요가 있다고 생각한다. 내 생각에, 자본주의는 우리로 하여금 개인들에게 너무 많은 비난과 기대를 부과하도록 만든다. 오히려 우리는 개인들이—우리 모두가—어떻게 이러저러한 존재로 빚어져 왔는지 그 방식에 대해 보다 구조적으로 접근해 볼 필요가 있다. 또한 이 구조로부터 이익을 얻는 것이 누구인가에 대해서도 보다 구조적으로 생각해 봐야 한다(우리가 누구건 간에, 통상적으로는 그 이익을 얻는 사람들은 우리가 아니다!). 또한 우리는 여러 가지 방식들로 지배력을 행사하는 다른 나라들로부터 그들의 페미니즘을 직접 수입하는 것에 대해 신중한 태도를 가질 필요가 있다—영어로 글을 쓰고 말하는 영국의 백인 페미니스트가 이런 말을 하는 게 위선적이거나 역설적으로 들릴지 모르겠다. 그러나 인종, 젠더, 섹슈얼리티, 계급 등등의 문제가 나타나는 방식에는 나라마다 의미심장한 차이가 있다는 점을 감안할 때, 미국이나 영국의 페미니즘에서 제안된 용어나 개념들, 구조들을 그대로 받아들이는 것은 다분히 위험해 보인다. 온라인 페미니즘에서 활용되는 용어들이 대체로 미국에서 온 것이라는 점은 내게 별로 놀랍지 않다. 그러나 미국의 상황을 분석하기 위해 활용된 용어들이 다른 장소에서 같은 방식으로 유용할 것이라고 기대하기는 힘들다.

그럼에도 불구하고 인터넷에서 불손한 태도가 일반화됐다는 것은, '맨스플레인mansplain'[여자들에게 불필요한 정보를 설명이나 훈계조로 설명하길 좋아하는 남자의 행동을 일컬음], '쩍벌남manspreading[지하철 등에서 옆사람이 불편할 정도로 지나치게 다리를 벌리고 앉는 남자의 행동을 일컬음]', '쿠크다스 같은 남성성masculinity so fragile'[남자들이 오히려 사소한 말에 쉽게 자신감을 잃고 상처 받음을 비꼬는 말] 같은 광범위하게 나타나는 현상에 대해, 또한 아주 명백한 성희롱에서부터 '사소한' 평가나 '미세한' 몸짓의 형태를 띠는 덜 명백한 성차별주의적 공격에 이르는 매일매일의 성차별주의 경험에 대해, 심각한 태도를 가지고 우스갯소리를 하는 것이 (또한 씁쓸한 웃음과 함께 심각해지는 것이) 가능해졌다는 뜻이기도 하다. 어떤 자리에서건 이와 같은 사안들과 남자들의 몹쓸 열패감을 주제로, 다른 여성들과 이야기를 나누는 것은 믿을 수 없을 만큼 중요한 일이다. 인터넷은 이 주제들에 대한 토론의 장을 열었고, 여성들로 하여금 내밀한 비밀들을 (당신이 내내 알고 있었던 유형의) 공적인 사실의 자리로 옮기는 것을 허용해 주었다. 여성들이 여성의 억압에 대해 말하는 이유는 '남성을 증오'하기 때문이 아니다. 오히려 여성들은 남성과 여성이 더불어 더 잘 살아가고 더 잘 행동하기를 열망하기 때문에 말하는 것이다. 즉 모두가 친구이자 연인으로, 동료이자 동지로 더불어 살아갈 수 있다는 희망과 기대가 여성들을 말하게끔 만드는 것이다. 그러나 페미니즘은 남자들의 기분을 상하게 만들고, 가부장제에 도전하고, 남자들로 하여금 자신의 역할과 특권에 대해 돌아보게 만들 준비도 되어 있어야 한다. 젠더가 그저 단순한 분류가 아니라 위계라고 말하는 것은 "이것이 지금까지의 양상이었다"라는 주장**뿐만 아니라** "앞으로 이것들은 다음과 같이 바뀔 수 있을 것이다"라는 주장을 모두 인정하는 것에 다름 아니다. 페미니즘은 페미니즘 없이 설명될 수 없는 많은 것들을 설명해 낼 수 있는 세계를 보는 관점이다. 물론 페미니즘이 오용되거나 도둑질 당하는 경우도 있었지만, 페미니즘은 여전히 모든 의미 있는 현대의 사유 안에서 핵심적 지위를 차지하고 있다. 우리는 페미니즘 없이는 공유된 경험 및 공유된 기대의 패턴들과 유사성들을 파악할 수 없다. 얼마나 세계가 지속적으로 여성혐오적인가를 깨닫는 것은 말할 수 없을 정도로 절망적인 일이다—때로는 그 정도가 너무 심해서 당신을 아연하게 만들고, 당신이 그걸 사실이라고 믿는 것조차 불가능하게 만들 것이다. 그러나 우리는 유머와 연대, 친절함과 우정을 무기로 계속해서 싸워 나가야 한다. 우리는 우리가 서로로부터 갈라지고 고립되도록 만들었던 모든 방식들에 지속적으로 저항해야 한다. 아울러 내면화된 여성혐오와 여성적 사회화가 우리가 서로를 인정하는 걸 더욱 더 어렵게 만들어 온 모든 방식들에 계속해서 맞서야 한다.

가까운 미래에 페미니즘이 맞서야할 가장 중요한 질문들 중 하나는 기술에 관한 것이다. 인터넷은 온라인에서 페미니스트이자 여성이 된다는 것이 굉장히 유익한 동시에 굉장히 괴로운 일일 수 있음을 우리에게 보여주었다. 특히 인터넷에 여성혐오적 학대나 리벤지 포르노, 다른 형태의 성차별적 감정이 광범위하게 퍼져 있다는 점을 감안한다면 말이다. 그러나 자동화와 노동에 대한 질문은 점점 더 거대하게 우리에게 다가오고 있다. 노동이 기계에 의해 대체된다면, 혹은 지식 노동이 알고리듬에 의해 대체된다면 무슨 일이 일어나게 될 것인가? 우리는 많은 나라에서 노동시장에 진입한 여성에 대한 수많은 공격들을 이미 겪어 보았다─경제구조는 남성 자본가들이 주로 통제하고 있었음에도, 경제구조의 변형에 대한 비난은 여성에게 돌아갔다(이 책에서 나는 이 문제를 이른바 노동의 '여성화'라는 틀로 다뤘다). 환경이 앞으로도 우리를 감당할 수 있을 거라고 가정한다면, 이제 우리는 점점 더 많은 사람들을 불필요한 존재로 만들어 버리는 기계의 시대로의 새로운 전환을 마주하고 있다. 페미니즘에게는 이것이 진정한 기회가 될 수 있다. 페미니즘은 자본주의 시대를 지배하고 있는 '노동'의 이미지를 비판할 기회뿐만 아니라, 자동화될 수 없는 노동─다시 말해 돌봄 노동, 즉 어리거나 불편하거나 나이 든 사람을 돌보는 일을 수반하는, 언제나 여성(특히 노동계급이나 유색인종 여성)이 연루되어 있던 노동─이 제대로 평가받도록 만들 수 있는 기회 역시 눈앞에 두고 있다. 다시 말하자면, 페미니즘은 돌봄 노동이 일반적인 인간 삶의 지속에서 언제나 핵심적 역할을 수행해 왔던 노동이었음을 인정하게 만들 기회를 잡았다. 또한 페미니즘은 돌봄 노동이 언제나 '여성의 일'로 여겨졌기 때문에 아예 보상받지 못하거나, 충분한 보상을 받지 못하거나, 사회적으로 저평가되어 왔다는 사실을 인정하게끔 만들 수도 있을 것이다. 페미니즘 앞에는 또 다른 커다란 기회가 놓여 있다. 페미니즘은 여성과 돌봄 노동 사이에 '자연적인' 관계가 없다는 점을 지적하고, 여성의 의지와 상관없이 역사적으로 여성화되어 왔던 모든 형태의 노동들을 제대로 인정해 달라고 요구할 수 있는 기회를 눈앞에 두고 있다. 페미니즘은 이렇게 여성적으로 간주되어 온 노동 활동에 대한 정당한 대가 지불과 사회적 인정을 요구하는 한편, 이러한 노동 활동이 성별에 무관하게 평등하게 할당되어야 한다고 주장해야 한다. 기술의 발전은 언제나 정치적으로 양면적인 효과를 가져왔다. 온라인에서 건, 사적인 삶에서건, 거리에서건, 아니면 세 장소 모두에서 건, 여성은 앞서 언급한 측면 및 다른 모든 측면에서 어떻게 기술이 미래를 바꿔나갈 것인가의 문제에 대해 마땅한 발 언권을 가져야 할 것이다.

니나 파워

2017년 12월, 런던에서

차례

한국어판 출간에 부쳐   5

0.0 시작하며   21

0.1 평등?   27

0.2 사라 페일린, 혹은 어떻게 페미니스트가 되지 않을 수 있는가?   31

0.3 매스꺼운 매파 페미니즘의 등장   39

1.0 노동의 여성화   49

1.1 당신은 걸어 다니는 광고판이다   60

2.0 소비자 페미니즘   68

2.1 페미니즘™: 속임수라는 동전의 양면   70

2.2 소비문화: 영화 속의 소녀들   89

3.0 특권화된 노동 양식으로서의 포르노그래피   98

3.1 머니샷: 포르노그래피와 자본주의   107

3.2 사회주의 프로그램은 인간의 감각적 쾌락을 배제해서는 안 된다!   119

3.3 성적 좌파에서 축소주의적 수용까지   123

4.0 맺으며   138

해설/ 페미니즘을 도둑맞는 게 가능할까?   141

옮긴이의 말/ 페미니즘, 혁명보다 더 포괄적인   157

인명해설   181

일러두기

— 이 책은 2009년에 출간된 니나 파워Nina Power의 『일차원적 여성One-Dimensional Woman』을 완역한 것이다. 한국어판 제목은 책의 주제를 더 잘 드러낸다고 생각하여 바꾼 것이다.

— 원문의 주석은 각주로 처리했으며, 한국 독자에게 생소할 수 있는 인명에 대한 옮긴이 주석은 미주로, 내용 설명의 경우는 각주로 처리하되 옮긴이 주 표시를 따로 해 두었다.

— 원서에는 없는 지은이의 한국어판 서문과 미셸 퍼거슨의 해설은 옮긴이의 요청으로 실을 수 있게 되었다. 저자와 해설자, 그리고 수고를 아끼지 않은 옮긴이에게 감사드린다.

0.0
시작하며

그 많던 흥미로운 여성들은 다 어디로 가 버렸을까? 만약 오늘날 대중문화가 그려 내는 여성들의 모습이 믿을 만한 것이라면, 현대 여성의 성취라는 건 값비싼 핸드백을 들고 자위용 바이브레이터와 직업, 아파트, 그리고 남자를—아마도 이 순서를 그대로 따라서—갖는 것에서 절정에 이르게 될 것이다. 물론 텔레비전의 쇼 프로그램이나 잡지, 광고 따위를 믿을 만하다고 여길 필요는 없다. 실제로 많은 사람들은 대중문화를 신뢰하지 않는다. 그러나 어쩌다 사태가 이 지경이 되었는가를 생각해 볼 필요는 있다. 과연 20세기의 여성해방을 향한 열망은, '음탕한' 자기만족, 플레이보이의 토끼 모양 펜던트와 비키니 제모 등으로 상징되는 쇼핑의 천국 안에서 완수되어 버린 것일까? 이른바 여성해방의 전성기가 소비주의consumerism와 완벽한 시간적 일치를 이루었다는 사실은, 정치적으로 황폐한 시대를 가리키는 비참한 징후라고 할 수 있다. 그러나 많은 경우 오늘날의 페미니즘, 특히 미국에서 공식화된 형태의 페미니즘은 이러한 시간적 일치에 대해서 별로 심각하게 고민하지 않는 것처럼 보인다. 이 짧은 책은 어떠한 체계적인 정치적 사유에도 착수하지 않는 것처럼 보이는 오늘날의 긍정적이고 낙천적인 페미니스트들에 대해 부분적으로 논박을 제기한다. 이 책은 노동과 섹슈얼리티, 그리고 문화의 변혁에 대해 사유하는 대안적 방식을 제안할 것이다. 현재의 이데올로기적 정세에서는 그럴 법하지 않게 여겨지겠지만, 아마도 이 사안들은 장차 페미니즘이 보다 진지하게 고민할 만한 소재가 될 것이다.

이 책[원제: 일차원적 여성]은 허버트 마르쿠제Herbert Marcuse[1]가 1964년에 발표한 『일차원적 인간One-Dimensional Man』으로부터 제목을 가져왔다. 이 책에서 마르쿠제는 현대 이데올로기의 본성과 범위—어떻게 오늘날의 주체가 자본주의 사회에서 자유롭고 행복한 개인이 되지 못하고, 대신 기술적 지배가 제공하는 환영幻影적 자유 아래 고통 받는지—를 분석하고자 했다. 마르쿠제의 제목에 등장했던 '일차원적 인간'은 이제 자유 민주주의와 소비주의의 약속된 세계 안에 완전하게 스며들었다. 그러나 그가 쓰고 있듯이 "개인이 자신에게 부과된 필요를 자발적으로 재생산하더라도, 개인의 자율성이 확립되지 않는다. 그것은 오로지 통제의 유효성을 증명할 뿐이다."* 마르쿠제가 '통제의 유효성'이라고 불렀던 것과 단절할 수 있으려면 노동과 섹스, 정치에 대해 진정성 있게 사유할 필요가 있다. 그러나 나는 소비주의와 현대 페미니즘이 사용하는 수사들이 많은 경우에 이러한 작업을 방해하고 있다고 생각한다. 이것들은 얼핏 우리를 해방시키는 것처럼 보이지만 실은 족쇄를 더 강하게 채우는 것에 다름 아니다.

이 책 『도둑맞은 페미니즘』이 출발점으로 삼는 전제는 다음과 같다: 노동이 어떻게 변화했는지, 또한 페미니즘이라는 단어가 활용되는 방식이 전통적으로 페미니즘의 적들로 간주되어 왔던 자들에 의해 어떻게 변화했는지(이 책의 '매스꺼운 매파 페미니즘의 등장'이라는 절을 보라)에 주목하지 않을 경우, 우리는 과연 오늘날의 페미니즘이 무엇인가에

---

*   Herbert Marcuse, *One-Dimensional Man*(Boston: Beacon Press, 1964), p. 25.[『일차원적 인간』, 박병진 옮김, 한마음사, 2009. 25쪽. 이 책에는 다음과 같이 번역되어 있다. "개인에 의해 부과된 욕구를 자발적으로 재생산하더라도 자율성이 형성되지는 않는다. 그것은 통제의 효율성을 증명하는 데 불과한 것이다."—옮긴이]

대해 아무것도 이해할 수 없을 것이다. 이 책의 본문은 노동 영역에서 나타나는 변화 및 소위 "노동의 여성화feminization of labor"라는 문제를—주체에게 스스로를 선전하고 언제든 가용할 수 있는 노동력이 되라고 요구하는 끊임없는 압박의 문제와 함께—다룬다. 물론 이 사안들은 남성과 여성 모두에게 영향을 주는 문제일 테지만, 미묘하게 다른 방식으로 그러할 것이다.

이 책은 결코 기운을 북돋는 종류의 책은 아니다. 그러나 이 책의 핵심에는 '여성과 남성 모두에게 일차원적인 것보다 더 나은 무언가를 할 수 있는 고유한 능력이 있다'라는 낙관이 자리 잡고 있다. 이 책은 대안적 역사들, 특히 포르노그래피 및 집합적이고 사회적인 삶의 다양한 형태들과 관련된 대안적 역사들로부터 유토피아적 전망을 찾고자 한다. 이 책은 비난해야 할 누군가를 단정해서 지목하지 않을 것이다—가령 자본주의를 지목한다던가, 여성들 자신을 지목한다던가, 진짜 다뤄야 할 문제를 다루지 않는 페미니즘의 유형 따위를 지목하지 않을 것이다. 왜냐하면 문제는 환영에 가려진 '보다 나은' 실존의 양식을 드러내는 작업처럼 간단하지가 않기 때문이다. 그러한 형태의 드러내기 작업은 멍청하고 계몽되지 않은 대중들에 비해 특권화된 자리에 있는 작가/저자를 상정한다. 하지만 사람들은 멍청하지 않다. 백치 취급을 당한다면 그들도 알아차릴 것이다. 그러나 불행하게도 이데올로기는 과거의 낙관적인 사람들이 상상했던 것보다 깊숙하게 침투한다. 문제는 단순히 탁자를 반대 방향으로 돌리거나 언어를 바꾸는 종류의 것이 아니다. 파올로 비르노Paolo Virno[2] 가 지적하듯이,

　　오늘날의 환영들이 미디어 선전의 산물일 뿐이고, 따라서 인내심 있게 해명을 제공하는 교육적 기획의 방식으로 그러한 환영들을 격퇴하는 것이 가능할 거라고 믿는다면, 분명히 위안이 되긴 할 것이다. 하지만 불행하게도 그건 사실이 아니다. 이데올로기에는 물질적 기반, 즉 이러한 기만을 강화하고 재생산하는 객관적 토대가 있다.[*]

　이 "객관적 토대"는 실재하며 우리를 낙담시킨다. 그러나 객관적 토대가 가능한 것the possible의 전장을 완전히 황폐하게 만든 건 아니다─여전히 싸워서 이겨야 할 전투들이 있다. 지금까지 페미니즘의 많은 전술들─문화사를 다시 쓰기, 육체를 복권하기, '남성의' 자리를 점유하기─

***

[*]　Paolo Virno, "Post-Fordist Semblance", *SubStance*, Issue 112(Vol. 36, no. 1), 2007, p. 42.

은 중요한 효과들을 가져왔다. 그러나 그들은 급박하게 다가온 문제의 기반까지 건드리지는 못했다. 현행 이데올로기의 '물질적 기반'은 (적어도 세계의 가장 부유한 지역에서만큼은 일시적으로나마) 전통적 형태의 조직들(노동조합과 시위대)을 일거에 불필요하고 시대에 뒤떨어지고 불가능한 것으로 만드는 데 성공한 것으로 보인다. 이 짧은 책은 평등에 대한 이러한 몇몇 물질적 장애물들을 식별해 내려는 시도도. 심지어—특히—우리가 모든 것이 괜찮다고 여기는 순간조차 이 장애물들은 작동한다.

0.1
평등?

자본주의는 우리가 '평등'을 이해하는 방식에 대해 복잡다단하게 영향을 미쳐 왔다. 한편으로 보면, 축적을 향한 충동에는 차별적이라고 여겨질 만한 것이 아무것도 없는 것처럼 보인다—이윤이 창출되고 가치가 추출되는 한, 누가 일을 하는지는 중요한 문제가 아니다. 그렇다면 여성을 여성이라고 차별하는 것, 흑인을 흑인이라고 차별하는 것, 동성애자를 동성애자라고 차별하는 것이 무슨 의미가 있겠는가? 그러나 다른 한편으로 보면, 모든 이들이 알고 있듯이 여성은 같은 일을 하고도 남성보다 적은 돈을 벌며, 비정규직 일자리나 봉급이 박한 일자리에서 엄청나게 과잉 대표되고 있다. 또한 인종적 소수자들과 동성애자들이 특정한 형태의 고용에서 너무나 과소 대표되고 있는 것도 사실이다.

그렇지만 아마도 우리는 **대표**의 문제보다는 심각한 구조적, 이데올로기적 요인들에 더 신경을 써야 할 것이다. 어쨌거나 현재 더 많은 여성과 인종적 소수자들, 성소수자들을 '높은 자리'에 배치해야 한다는 주장이 우파에 의해 힘을 얻고 있다. 버락 오바마의 대선 승리는 앞으로 도래하게 될 무언가에 대한 진보적인 암시일지도 모른다. 그러나 오바마의 '변화'가 얼마나 재분배적일 수 있을지에 대해서는 아직 좀 더 지켜볼 필요가 있다. 콘돌리자 라이스Condoleezza Rice[3], 아얀 히르시 알리Ayanan Hirsi Ali[4], 핌 포르퇴인Pim Fortuyn[5]은 모두 그들 각자의 자리에서 전형적이지 않은 후보자들이다(이었다). 그러나 그들이 비전형적인 후보자들이라는 사실이 그들 각각을 전쟁광이나 신보수주의 사상가, 이슬람과의 '냉전'을 주장한 반反이민자 정치인이 되는 것을 막지는 않는다. (마가렛 대처의 첫 선거에서 일단) '페미니즘의 대의에 따라' 그녀를 영국 최초의 여성 총리로 만든 모든 이들은, 그 진보적 열망 탓에 다른 방식으로 '진보적인' 신자유주의적 개혁의 수렁에서 고통받아야 했다. 권력의 최상부에 여성을 두는 것만으로 충분하지 않다. 권력의 최상층에 있는 여성이 어떤 여성이며, 그들이 권력을 잡았을 때 무엇을 할지가 더 중요한 문제다. 린지 절먼Linsey German[6]이 말한 바와 같이,

명목으로만 내세워지는 여성token woman의 시대다. [……] 역설적이게도 페미니즘의 수사들이 거둔 승리는 여성의 삶의 실제 조건이 보다 나빠진 바로 그 시간에 도래했다. 이 수사들은 여성을 해치게 될 정책들을 정당화하는 데 사용되어 왔다.[*]

권력의 상층부에 도달한 '예외적인' 여성들과 소수자들이 그 자리에 그저 포함된 것이 아니라 때때로 그 자리의 가장 나쁜 양상을 대표하게 됐다는 것은 사실이다. 이를 설명하기 위해 우리가 명목주의tokenism의 개념을 확장할 필요가 있다는 점은 오래전에 분명해졌다. 질라 이젠스틴 Zillah Eisenstein[7]은 '제국주의적 민주주의'가 자신의 구조적 죄악을 대의제상의 반영이라는 얄팍한 겉치장을 통해 덮어버리는 방식을 설명하기 위해 '미끼decoy'라는 말을 썼다. "인종과 젠더 문제를 민주주의의 미끼로 조작하는 짓은, 정체성 정치가 어떻게 타락할 수 있는지를 드러낸다."[**] 여성과 인종적 소수자를 권력의 자리에 배치하는 것이 필연적으로 여성과 인종적 소수자의 삶의 조건 일반을 개선시키지는 않는다. 실제로 아직까지는 그런 효과가 없었다.

---

[*]   Lindsey German, *Material Girls: Women, Men and Work*(London: Bookmarks, 2007), p. 148.

[**]   Zillah Eistenstein, *Sexual Decoys: Gender, Race and War In Imperial Democracy* (London: Zed Books, 2007), p. 18.

콘돌리자 라이스는 미국의 국무장관으로 잘 봉직할 수 있었을 것이다. 하지만 비슷한 시기 흑인 여성들(과 흑인 남성들과 아이들)은 허리케인 카트리나가 덮쳤을 때 가장 고통받은 사람들이다.[*]

이는 페미니즘을 향해 심각한 의문을 제기한다. 그게 아니라면 최소한 페미니즘이라는 단어가 무비판적으로 남용되는 세태에 대해 심각한 문제를 제기한다고 할 것이다. 2008년 사라 페일린Sarah Palin[8] 의 부통령 유세에서 '페미니즘'이라는 단어는 너무도 많은 것들을 의미하게 되었다. 다음 절에서는 페일린 현상을 검토함으로써 '페미니즘'이라는 단어가 의미하는 바가 얼마나 복잡하게 뒤엉키게 됐는가를 보일 것이다.

---

[*]   허리케인으로부터 피해를 입은 "해수면보다 고도가 낮은 지역의 거주자들 중 많은 이들은 가난한 흑인 여성이었다"는 이젠스틴의 주장을 보라. *Sexual Decoys*, p. 80.

0.2
사라 페일린,
혹은 어떻게 페미니스트가
되지 않을 수 있는가?

    2008년 미국 대선을 앞두고, 종종 도덕철학자 행세도 하는 잘 알려진 라캉주의 정신분석학자 자크-알랭 밀레르 Jacques-Alain Miller[9] 는 「사라 페일린: '거세' 작전」이라는 제목의 글을 발표한 적이 있다.* 그 글에서 밀레르는 사라 페일린 공화당 부통령 후보가 '포스트-페미니스트' 여성의 어떤 유형을 대표한다고 주장했다. 그가 말하는 포스트-페미니스트 여성은 "남근이 하나의 모사模寫/semblance 일 뿐이라는 것"을 아는 사람이다(이 주장에 대해선 이어지는 논의에서 더 다루겠다). 제시카 발렌티Jessica Valenti[10] 는 『가디언』지에서 보다 직관적인 노선을 취했다. 그녀는 페일린이 속속들이 '반反페미니스트'라고 주장했는데, 왜냐하면 페일린이 무엇보다도 여성의 낙태권을 제한하고 성교육을 폐

---

*   http://www.lacan.com/jampalin.html

지하려고 하기 때문이다.[*] 페일린은 '생명을 옹호하는[낙태에 반대하는] 페미니스트들'이라는 단체의 회원으로 있으면서 페미니즘이라는 용어의 경계를 흐리는 데 오랫동안 관여해 왔다. 이 단체는 '비폭력'에 대한 페미니즘적 관여를 나름대로 해석했는데, 이들은 태아에 대한 어떠한 폭력도 (심지어 임신이 강간에 의한 것일 때조차) 생물학적 여성의 이른바 본성적인 비호전성과 양립할 수 없다고 여긴다.

여기서 우리는 페미니즘이라는 같은 단어에 대해 세 가지 다른 해석이 있다는 것을 확인했다. a) 밀레르에게 페일린 이전의 페미니스트(예컨대 세골렌 루아얄Ségolène Royal[11])는 "남성을 모방하려고 하고, 남근을 존경하며, 마치 남근을 가지고 있는 것처럼 행동하는" 여성을 의미한다. 따라서 그들을 남자보다 못한 존재나 조악한 판본의 남성으로 일축해 버리는 것은 쉬운 일이었다. b) 발렌티에게 페미니스트란 여성의 낙태권을 지지하고 일상의 모든 영역에서 평등을 위해 싸우는 사람을 의미한다. c) 지독할 정도로 어머니다우면서도 정치적으로는 공격적인 페일린에게 페미니스트란 실로 "립스틱을 바른 맹견Pit Bull"을 의미한다. 페미

---

[*]   http://www.guardian.co.uk/commentisfree/2008/sep/12/sarahpalin.feminism

니즘에 대한 이러한 빈약한 개념화 방식은 여성 개인이 실질적 종류의 권력을 획득했을 때 나오는 보통의 반응으로부터도 확인할 수 있다. "저길 봐, 여성 총리야! 여성 최고경영자도 있네! 이제 당신들이 원하는 걸 다 얻지 않았니?" 발렌티가 지적하듯이, 이러한 입장은 "여성이 원하는 모든 것은 […] 그저 또 다른 여성"이라는 잘못된 믿음에 기초하고 있다. 페일린이 실제로 무엇을 말하고 행하는지와 상관없이 그녀의 삶은 여성의 성공 서사로 그려진다. 그저 그녀가 성공한 여성이라는 단순한 사실 때문이다.

지난 십 년가량 공화당에 의해 자행된 페미니즘 개념의 남용은, 정치적으로 기회주의적인 언어 활용에 대해 경종을 울리고 있다. 예전이라면 우파는 퀴어들과 좌파들, 페미니스트들, 평화주의자들, 그리고 여타의 잡다한 부적응자들을 국가 내부의 적으로 함께 엮으려고 했을 것이다. 이제 우파가 아프가니스탄을 침공해야 할 이유를 찾고 있을 때, 페미니즘의 언어는 종별적으로 '서구적인' 가치로 역사의 쓰레기통으로부터 갑자기 소환되었다. UN 연설에서 부시는 "여성에 대한 존중이 […] 중동과 그 너머 지역에서 승리할 수 있을 것"이라고 울부짖었다. 아마 부시는 취임 첫날 자신이 낙태 관련 서비스 혹은 상담을 제공하는 모든 국제적 가족계획 기구에 대한 재정 지원을 끊어 버렸다는 사실을 잊어버렸을 것이다.*

그렇다면 이제 더 이상 우리는 단순히 '우파'와 '좌파' 페미니즘만을 상대하고 있는 것이 아니라, 페미니즘이라는 단어의 의미가 겪고 있는 근본적인 위기와 상대하고 있다는 사실이 분명해졌을 것이다. 만약 '페미니즘'이라는 용어가 남자처럼 행동하기(밀레르)나 낙태권 찬성하기(발렌티), 전쟁 찬성하기(공화당 행정부) 같은 아무것들을 다 의미할 수 있다면, 우리는 그냥 이 단어를 내던져 버리거나, 최소한 우리가 어떤 의미로 이 단어를 사용하는 건지 꽤 분명히 할 수 있는 상황에서만 이 용어를 사용하도록 제한해야 할 것이다. 발렌티는 (비록 호소력이 있을진 모르겠지만) 애처로운 인간주의를 채택한다. 그녀는 궁극적으로 승리하는 사람은 '좋은' 사람이나 '나쁜' 사람일 거라면서, 이 선악의 대립은 젠더와 무관하다는 생각을 제시한다. "미국이 가장 원하지 않는 건—여자가 됐건 남자가 됐건—또 다른 부패한 거짓말쟁이 정치인이다."

그러나 사라 페일린을 어떻게 받아들여야 하는지에

---

* 캐서린 바이너의 「제국주의로서 페미니즘*Feminism as Imperialism*」을 보라. http://www.guardian.co.uk/world/2002/sep/21/gender.usa

대한 논란은 그저 그녀가 자청한 '페미니즘'의 전쟁터에서만 진행되지 않았다. 사실 페일린은 양쪽을 동시적으로 한 번에 체화함으로써 여성에게 따라다니던 오래된 이항대립의 문제들—엄마/정치인, 매력적/성공적, 수동적/능동적–을 피할 수 있었다. 이러한 의미에서 페일린은 여성이 "모든 것—즉 아이들, 일자리, 성공, 섹스—을 가질" 수 있다(혹은 가져야만 한다)는 1980년대의 강령을 실현했다. 과연 남자들의 세계에서 남자들을 때려잡는, 총을 든 낙태 반대론자가 못할 일이 뭐가 있겠는가? 페일린은 심지어 자신보다 나이가 많은 우익 성향의 여성들까지 그들의 구역으로 찾아가 이겨 버렸다. 페일린에게 패배한 이 우익 여성들은 자신들의 수행적 모순을 기꺼이 무대에 올리는 스펙터클을 연출하면서 군중들 앞에서 여성에게 걸맞은 자리는 가정이어야 한다고 주장하던 사람들이었다.

밀레르가 예스럽게 표현한 것처럼, "사라 페일린은 결여 없음을 내세운다." 페일린의 (문자 그대로나, 수사적으로나, 시각적으로나) 무기고 안에 있는 모든 것들은 이미 대중에게 잘 알려져 있다. 가정생활에서의 우여곡절이나 경험 부족, 취미생활이나 태도 문제(총에 대한 애착이나 '하키맘hockey mom'스러움) 같은 페일린의 잠재적 약점들은 그녀를 보다 더한 (초)인간으로, 보다 공격적인 포퓰리스트로, 보다 전형적인 여성으로 만드는 데 기여할 뿐이다. 여성들은 그녀처럼 되길 원하며,* 많은 남성들은 (아마 심지어 몇몇 여성들도) 페일린과 성관계를 갖고 싶어 한다(다음과 같은 제목의 페이스북 그룹들을 보라. "난 사라 페일린과 정말 하고 싶어", "사라 페일린은 **뜨거워**!", "난 사라 페일린과 박을 거야"). 보다 흥미로운 점은 이 페일린-지지 그룹들이 그녀의 성적 매력과 현재의 정치적 스펙타클 사이의 연결을 확연하게 드러낸다는 점이다. "사라 페일린은 우리를 자극하죠—나는 **흥분했어요**." (아니면 밀레르가 이보다는 섬세하게 문학적으로 말했듯이, "페일린은 정치에 새로운 에로스를 가져온다.") 반면 "사라 페일린은 오바마보다 두 배는 더 남자다울 거야"라는 제목의 페이스북 그룹은 페일린이 가진 힘을 인식하는 데는 어느 정도 성공했지만, 여성 정치인이 성공하려면 남성처럼 되어야 한다는 오래된 발상 안에 여전히 갇혀 있다.

가령 밀레르의 주장은 단순하게 페일린이 오바마보다 "더 남자답다"는 것이 아니었다. 그의 주장은 오직 페일린

---

*   사라 페일린 현상은 그녀의 '룩'을 위해 필요한 신발과 스펙타클, 심지어 '가발' 판매에서도 큰 파동을 일으켰다. 아래의 기사를 참조하라: http://www.telegraph.co.uk/news/newstopics/uselection2008/sarahpalin/2B260B4/Sarah-Palin-fever-boosts-wig-sales-aswomen-go-for-her-look.html

만이 "남근이 그저 하나의 모사일 뿐"이라는 사실을 알아차렸다는 것이다—즉 페일린은 자신이 가지고 있지 않은 권력을 갖고 있는 것처럼 위장하는 것이, 권력(혹은 의미)의 장이 가진 우연성을 이해하고 그러한 우연성을 매 기회 활용하는 것보다 효과적이지 못하다는 사실을 알고 있다. 페일린은 남자인 체하지 않는다—그녀는 모든 여성을 한꺼번에 대변하는 체하면서도 완벽하게 일상적이다. 아마도 "나는 사라 페일린이 두렵다"라는 페이스북 그룹은 밀레르가 가진 두려움의 일부분을 포착하고 있을지 모른다. "당장은 '거세去勢' 카드를 가지고 있는 여성을 꺾을 수 있는 방법이 없다." 밀레르에게 거세를 행할 수 있는 페일린의 능력—아예 거세에 대한 불안을 물리칠 수 있는 상징적 등록소 자체를 허물어뜨림으로써, 거세에 대한 두려움을 환기시키는 능력—은 문자 그대로 끔찍하게 무서운 것이다. "그들[페일린의 정치적 상대들과 미디어의 적수들]은 자신들을 조롱하기 위해 스스로의 여성성을 활용하는 여자에게 어떻게 반격해야 하는지 알지 못한다."

사라 페일린 같은 인물이 불러오는 불안은, 오래전에 공포와 함께 기록된 결핍과 같은 종류의 것("왜 여자들은 내가 가진 걸 안 갖고 있지?")이 아니다. 그것은 어마어마한 여성적 풍요로움에 대한 보다 큰 두려움이라고 할 수 있다. 미국은 새로운 (여성) 영웅을 찾았다. 그녀는 성공한 여성이라면 누구나 들었을 만한 모욕들(개년, 쌍년, 걸레)을 자신의 반대자들을 사살하기 위한 무기로 전환시키는 여자다. 그녀는 모성성을 전쟁 무기로 전환시키며, 경험 부족을 포퓰리즘적 덕성으로 바꿔 버리고, 페미니즘을 심지어 기독교 우파까지 찬성할 수 있는 무언가로 바꿔 버리는 사람이다.

비록 이번 선거에서 페일린은 부통령이 되지 못했지만, 그녀가 대변하는 것—자신을 페미니스트라고 부르는 신종 터미네이터 하키맘—은 꽤 새로운 것이며, 그것은 페미니즘이라는 용어가 최근 겪고 있는 보다 광범위한 변화와 연결되어 있다. 전쟁에 찬성하는 '페미니스트'가 등장한 것이나 호전적인 외교 정책을 정당화하기 위해 여성해방의 수사들이 활용되는 현상은 보다 자세하게 살펴볼 만한 가치가 있다.

0.3
매스꺼운 매파 페미니즘의 등장

최근의 지정학적 담론에서 나타난 보다 심원하고도 불편한 전환 중 하나는, 10년에서 15년 전만 해도 페미니즘이 상징하는 바에 대해 가장 시끄럽게 반대했을 인물들이 페미니즘 언어를 흡수하고 있다는 것이다. 아프가니스탄과 이라크 침공은 모두 여성해방의 필요성을 호소하면서, 특히 페미니즘 담론을 소환하면서 정당화되었다. 조지 W. 부시 전 대통령의 아내 로라는 한 라디오 프로그램에서 "오로지 테러리스트들과 탈레반만이 매니큐어를 발랐다는 이유로 여성의 손톱을 뽑겠다고 협박한다"고 말하면서 이러한 전환의 기반을 마련했다.* 전쟁에 대한 공중의 지지를 얻기 위한 싸움은 자유주의적 '페미니즘'의 권리 담론과 '문제를 해결하려면 억압적인 상대를 융단 폭격해야 한다'

---

* 로라 부시는 탈리반의 '잔인성'을 규탄했다. BBC, 17/11/01.

는 매파적 전제의 조합을 통해서 진행되었다. 부시 행정부가 경험 많은 외교관들에게 지정학적 문제를 해결할 수 있는 다른 방식에 대해 조언을 구하려 하지 않은 것과 마찬가지로, 그들은 아프가니스탄과 이라크에서 활동하는 풀뿌리 페미니스트 활동가들과 함께 일하려고 하지 않았다. 캐사 폴리트Katha Pollitt[12] 가 말하는 것처럼,

> 미국의 침공은 무슬림 페미니스트들의 활동을 훨씬 더 어렵게 만들었다. 그들이 가장 원치 않았던 일은 여성 인권이 침략자들과 정복자들, 문화적 제국주의자들을 위한 도구로 낙인찍히는 것이었다.[*]

여성 인권을 명분으로 폭격을 진행한다는 것은, 모든 여성들이, 특히 무슬림 여성들이 자신들보다 그들의 상황을 더 잘 알고 있는 세력에 의해 투박한 방식으로라도 구출될 필요가 있는 직접적인 피해자들임을 전제로 한다. 정곡을 찌르자면, 매파 페미니즘의 수사는 바로 그 수준에 머물러 있다―이는 부시 행정부가 여전히 무용한 금욕 프로그램에 많은 돈을 쏟아 부으면서, 낙태에 대한 규제는 심지어

---

[*]   Katha Pollitt, "After Iraq and Afghanistan, Muslim Feminists Are Leery of Seeming Close to the West", *The Nation*, 23/06/07.

더 강화하는 것과 다를 바가 없다. 페미니즘은 형세를 관망하며 도덕을 따지는 유권자들에게 전쟁이 유일한 선택지임을 확신시키기 위해 소환되는 카드에 불과하다.

하나의 정치적 용어로서 '페미니즘'은 너무 포괄적인 의미를 갖게 되어서, 이제 거의 모든 일을 정당화하는 데 사용될 수 있을 것 같다. 심지어 다른 나라를 침공하는 일까지 말이다. 캐서린 바이너Katharine Viner[13] 가 말하듯이,

> 페미니즘은 이제 '참된 평등을 위한 싸움'을 제외한 모든 것들을 위해 활용된다—가령 페미니즘은 운동 기구를 팔고, 성형 목적의 신체절제술을 정당화하며, 여성이 포르노를 만들게 하고, 남성이 강간 혐의를 벗을 수 있게 해 주고, 여성이 자존감을 증진시켜 주는 샴푸 브랜드를 사용하게 해서 스스로 존중받는 느낌을 갖게 해 주는 데 활용된다. 여성들과 아이들을 폭격하기 위한 이유로 페미니즘이 활용되고 있다는 건 놀라운 일이 아니다.*

하지만 어떻게 이 지경이 될 수 있었나? 바이너는 전쟁의 명분으로 페미니즘 수사가 활용되는 일이 보기만큼 새

Katharine Viner, "Feminism as Imperialism", *The Guardian*, 12/09/02.

로운 현상은 아니라고 지적한다.

[……] 페미니즘의 수사를 이렇게 훔쳐가는 건 새로운 현상이
아니다. 특히 그러한 활용의 목적이 국가의 확장에 있다면 말
이다. 사실 오늘날의 이러한 현상은 여성해방에 대해 아주 작
은 관심만을 보였던 다른 세대 남자들의 행태와 놀랄 만한 일
치점을 보여준다. 19세기의 거대한 제국주의적 모험을 이끌
었던 빅토리아 시대의 남성 기득권층은 여성의 떠들썩한 페미
니즘적 요구들과 그러한 요구들이 때때로 이룬 성취들(한줌 정
도의 여성이 대학에 갈 수 있게 됐고, 결혼한 여성이 자기 재산을 갖게끔
허용해 주는 새로운 법이 도입되게 됐다)에 격렬하게 반대했다. 그러
나 동시에 이 남성들은 지구 여기저기의 식민지로부터 전리품
을 획득하기 위해 페미니즘의 언어를 활용했다.[*]

만약 "참된 평등을 위한 싸움" 가운데 구출할 필요가
있는 무언가가 있다면, 그것은 바로 페미니즘의 명확한 의
미일 것이다. 또한 페미니즘은 전쟁광뿐만 아니라 소비주
의와 노동의 현대적 이데올로기에 의해 스스로가 식민화되
어 온 방식을 명철하게 인식해야만 한다. 이러다가는 여성
들이 남성을 싫어한다고 인식될까 봐 걱정해서가 아니라,

---

[*]   Katharin Viner, 같은 글.

전쟁광 이미지와 연결되기 싫어서 "나는 페미니스트가 아니다"라고 말하는 시대가 올지도 모른다.

그렇다면 우리는 페미니즘이라는 발상을 자신의 급진적 출발점으로부터 자유주의적 형태로 연장된 무언가로 이해하기보다는, 전반적인 정치적 스펙트럼을 참조해 시야를 넓힐 필요가 있을 것이다. 제국주의적 페미니즘은 자유주의적 페미니즘의 언어(인권을 확장하고 투표권을 확장하기)를 전쟁의 기술로 활용한다. 제국주의적 페미니즘은 하나같이 역효과를 불러일으키는 데다가, 현재의 정세에서는 대체로 반-이슬람적이다. 독실한 무슬림 여성은 어떤 유형의 시끄러운 우익 페미니스트에게는 적으로 간주된다. 알랭 바디우Alain Badiou[14]는 이러한 논리의 한 예로 최근 프랑스의 히잡Hijab 금지 법안을 지지하는 주장에서 드러난 서로 모순되는 명령들을 지적해 낸 바 있다.

근엄한 척하는 대의를 옹호하기 위해선 새로운 스타일의 주장이 필요하다. 가령 "히잡은 반드시 금지되어야 한다. 히잡은 어린 소녀나 여성을 지배하는 남성 권력(아버지나 나이 많은 남자 형제)의 기호이기 때문이다. 따라서 우리는 히잡 두르기를 고집하는 여성들을 추방시킬 것이다"라는 발언이나 혹은 "간단히 말하자면 이 소녀들이나 여성들은 억압을 당하고 있는 것이다. 따라서 이들은 처벌받을 것이다"와 같은 발언을 보라. 이런 발언들은 "이 여성은 강간당했다. 그러니 그녀를 감옥에 처넣어라"라고 말하는 것과 별로 다를 바가 없다. [······] 혹은 다음과 같이 뒤집어서 말해 볼 수도 있을 것이다. "그 저주받은 머리가리개를 자발적으로 쓰고 싶어 하는 사람들은 바로 저 여성들이다. 저 반역자들, 저 버르장머리 없는 종자들! 따라서 저 여성들은 처벌받을 것이다." 그런데 잠깐만, 당신은 어쨌거나 저 머리가리개가 남성 억압의 상징이라고 이야기하지 않았나? 아버지나 오라버니는 이제 이 문제랑 상관이 없는 건가? 애당초 왜 머리가리개를 금지할 필요가 있다는 이야기가 나온 건가? "히잡은 너무 눈에 띄게 종교적이라는 게 문제다. 저 버르장머리 없는 종자들은 자기 신념을 눈에 띄게 만들었다. 거기 너희들! 반성하는 의미로 구석에 가서 서 있어라!'"

한편으로 세속적 이성의 논리에 따르면 히잡을 두른 여성은 반드시 억압받고 있어야 한다. 그러나 다른 한편으로 그녀가 자신이 두른 히잡을 정당화하기 위해 자유로운 선택을 옹호하는 수사를 너무 많이 활용한다면, 그녀는 그 수사

---

*   Alain Badiou, "Behind the Scarfed Law, There is Fear", http://Iwww.lacan.com/islbad.htm.

가 정확히 무엇을 위한 것인지 잘못 이해하고 있는 것이다. 선택의 논리, 시장의 논리, 경쟁하는 상품 중에서 고를 수 있는 권리 등은 자기가 좋아하는 것을 착용하는 행위를 정당화하기 위해 활용될 수 없다. 만약 그녀가 고른 것이 게임에 참여하지 않겠다는 욕망을 암시하는 무언가라면 말이다. 그러나 도대체 무슨 게임을 말하는 건가? 이러한 머리가리개를 향한 분노의 이중 논리는 2003년 데이비드 애로노비치 David Aaronovitch[15] 의 다음과 같은 불만에서 전형적으로 드러난다.

그러나 난 겉으로 보기에도 명백하고 뚜렷하게 경건한 저 종교적 인간들이 가장 불편하다. 왜냐하면 나는 내가 그들로부터 뭘 요구받고 있는 건지 정말로 모르겠기 때문이다. 히잡―많은 무슬림 여성들이 쓰고 다니는 머리가리개―은 20년 전에는 상당히 보기 드물었다. 그러나 이제 히잡은 대도시의 어디에나 가도 눈에 띈다. 이건 "날 쳐다보지 마"라는 건가, "날 쳐다봐 달라"라는 건가?*

히잡을 두른 여성들로부터 자기가 뭔가를 "요구받

---

*   David Aaronovitch, "Please Don't Rub My Face in Your Faith", *The Guardian*, 17/06/03.

고"있다고 생각하는 그의 발상은 기괴하다. 그러나 아마도 이 생각은 욕망의 보다 심원한 순환의 논리에 따라 이해될 수 있을 것이다. 아래는 앞서의 바디우의 글로부터의 인용이다.

왜 그렇게 많은 페미니스트 여성들이 히잡을 쓰고 있는 소수의 여성들에게 분노를 터뜨리는지 모를 일이다. 이 페미니스트들은 불쌍한 대통령 시라크에게 [⋯⋯] 법의 이름으로 히잡을 단속할 것을 탄원했다. 같은 시간 동안 어디에서나 여성의 신체는 매매춘을 위해 거래되고 있다. 그리고 가장 치욕적인 포르노그래피가 여기저기서 팔리고 있다. 어떻게 신체를 성적으로 노출할지에 대한 조언은 아침저녁으로 10대 잡지를 가득 채우고 있다.

이에 대해 가능한 하나의 설명은 다음과 같다. 소녀는 자신이 팔 것들을 반드시 내보여야 한다. 즉 소녀는 자신이 가진 재화들을 보여줘야 한다. 이어서 소녀는 여성의 유통 과정이 제한된 교환관계가 아니라 일반화된 모델을 따른다고 암시해야 한다. 그녀의 수염 기른 아버지들과 오라버니들한테는 안된 일이다! 전지구적 시장이여 영원하라! 그 일반화된 모델이란 탑 패션모델이다.

과거에는 여성이 자신이 고른 사람 앞에서만 옷을 벗는 것을 막연하지만 당연한 권리로 여겼다. 그러나 이제는 아니다. 언제나 옷을 벗을 수 있다는 암시를 주는 것이 중요하다. 자신이 팔려고 내놓은 상품을 가려 버리는 사람은 충실한 시장의 행위자라고 할 수가 없다.

그렇다면 꽤 이상하게 들리겠지만 다음과 같이 주장해 보도록 하자. 히잡을 금지하는 법은 순수한 자본주의의 법이다. 이 법은 여성성에 스스로를 드러낼 것을 명한다. 다시 말해 여성의 신체를 가졌다면, 그 신체는 의무적으로 시장의 패러다임에 따라 유통되어야 한다. 10대들, 즉 주체의 우주 전체에서 창조력의 중심에 있는 이들을 위해, 법은 그들을 방해하는 모든 것을 금지한다.[*]

소녀들에게 그들이 팔 것들을 드러내라고, "옷을 벗을 수 있다는 암시"를 주라고, 고용의 가능성과 소비주의 전략의 한 부분으로 여성의 신체가 유통되게끔 하라고 지시하는 명령은, 히잡을 법을 통해 규제받아야 할 분노의 대상으로 빚어낸다. 애로노비치가 히잡이 "나를 쳐다보지 말라"는 뜻인지, "나를 쳐다봐 달라"라는 뜻인지 확신하지 못하는 것은, 다음과 같은 일반화된 명령이라는 관점에서 해석될 수 있다. 그 명령은 여성성의 모든 것이 시장의 논리로

---

[*]   Alain Badiou, 앞의 글.

옮겨질 수 있어야 한다고 말한다. 만약 여성의 신체가 '상품 패키지'의 유용한 부분을 이룬다면 더 좋을 것이다. 이제 남성들도 다방면에서 스스로를 상품화할 것을 강요받으면서, 점점 더 이러한 명령의 먹잇감이 되어 가고 있다. 그러나 (나쁜) 히잡을 쓴 여인들로부터 (좋은) 원형적-포르노 여배우까지 이어지는 극심하게 정치화된 연속선상에서 현대의 노동 이데올로기는 가장 명확하게 확인된다―그리고 이 이데올로기는 주로 여성 신체의 유통 과정 안에서 작동한다.

1.0
노동의 여성화

자본주의 체제 내부에서 과거의 가족적 유대가 해체되는 것
이 얼마나 끔찍하고 역겨워 보이는가에 상관없이, 대규모 산
업은 가정 경제 영역 바깥에 있는 조직화된 생산과정에서 여
성과 젊은 사람들, 남자아이들과 여자아이들에게 중요한 몫을
할당한다. 대규모 산업은 이를 통해서 보다 고차적인 형태의
가족 및 양성 간의 관계를 위한 새로운 경제적 토대를 창조
한다.

— 칼 맑스[*]

노동에 대한 논의 없이는 오늘날 여성의 성쇠를 논의
할 수가 없다. 여성의 노동 참여는 우리가 여성의 역할을 이
해하는 방식, 독자적인 삶을 영위할 수 있는 여성의 역량,

---

[*]   Karl Marx, *Capital,* vol. 1 (London: Penguin, 1 976), section 9.

그리고 보다 일반적으로 여성이 경제에 참여하는 방식에 전례 없는 변화를 가져왔다. 물론 여성은 언제나 **노동을 해왔다.** 가령 여성들은 아이를 양육하고, 가정에 이바지하고, 농사를 짓는 등의 일을 해 왔다. 만약 애초부터 이들이 해 온 일들이 보상을 기대할 수 있는 노동으로 여겨져 왔다면 세계의 역사는 많이 달라졌을 것이다. 그러나 맑스가 지적 했듯이, 여성이 "가정 경제 영역 바깥"에 있는 노동에 참여 한 이후에야, 양성 간의 관계와 가족의 구성 등에서의 변혁 이 진짜로 일어나기 시작했다. 훌륭한 예비 노동자들이 모유처럼 빨아들여야 할 '유연할 수 있는' 능력은 여성이 수행해야 할 자연스러운 역할 같은 것은 없다는 점, 그리고 적어도 일을 시작하는 단계에서는 어떤 직업을 추구하더라도 엉뚱한 것이 아니라는 점을 시인하도록 요구한다. 8월의 신문에서 활력을 내뿜는 여성의 A급 사진에서부터 고급스러운 아파트 개발 광고에 등장하는 젊은 전문직의 모습까지 잘 살펴본다면, 이제 일자리 시장은 적어도 표면적으로는 남성보다 여성이 있기에 더 좋은 장소처럼 보인다.

전체적으로 봤을 때, 여성들은 노동하기에 적합하도록 아주 훌륭하게 적응해 왔다. 여성들은 이제 중등학교에서, 그리고 대학에서 더 좋은 성과를 보여주며, 임신 기간 및 그 전후에도 일을 한다. 심지어 여성들은 적절한 양육 서

비스를 제공하지 않으면서도 필사적으로 엄마들을 일터로 돌아가게끔 하려는 정부에 의해 노동을 '장려'받았다. 여타의 유럽 국가들과는 다르게 영국에서는 오래전부터 여성의 노동 참여율이 높은 편이었다. 여성, 특히 그중에서도 젊은 비혼 여성은 불확실성을 미덕으로 바꾸는 노동 파견업체의 번영과 성공을 설명하는 핵심 요인이다. 뭔가 주목할 만한 일이 여기서 벌어지고 있다는 점을 깨닫기 위해서 '여성적' 특징들(수다스러움, 다정함, 관계적, 공감적)에 대해 본질주의적 입장을 취할 필요는 없다. 여성들은 스스로를 소통을 잘하는 사람, 즉 파견 업무나 콜센터 업무에 '이상적인' 유형의 인간으로 여기게끔 장려받았다. 전문직 여성은 그녀가 단순히 전문직이라는 점 때문에, 즉 그녀가 가장 순수한 의미에서 소통과 관련된 노동에 완벽할 정도로 적합하다는 점 때문에, 어떠한 특별한 기술도 가질 필요가 없다.

여성과 노동 사이의 이 밀접한 연결에는 기묘한 실존적 측면이 있다. 2006년의 한 연구에 따르면 남자 대학 졸업자와 여자 대학 졸업자는 노동에 대하여 약간 다른 태도를 보이는 것으로 나타났다.

몇몇 남자 졸업자들과 여자 졸업자들은 구직 활동에 다른 방식으로 접근하는 것으로 보인다. 특히 그들이 일자리를 바로 구하기 힘들 때 그러하다. 여자들은 "내가 꿈꾸는 직장을 아직 찾지 못했기 때문에 나는 밖으로 나가서 좀 더 기술을 연마하고 경험을 쌓을 거야. 그래서 꿈의 직장을 찾았을 때 준비가 되어 있도록 만들겠어"라고 생각한다. 반면에 남자들은 아마도 "내가 꿈꾸는 직장을 아직 찾지 못했어―나는 그 직장을 찾을 때까지 그냥 여기에 머무를 거야"라고 생각할 것이다.[*]

여기서 우리는 여성적 실용주의, 소위 여성의 현명함이라는 것이 기술 습득과 자기개발의 언어로 깔끔하게 옮겨지는 것을 볼 수 있다.

구직 수당을 받는 여성의 숫자는 남성보다 적은 데 반해, 비정규직 노동을 하는 여성의 숫자는 남자보다 훨씬 많다(2008년 중반 현재 영국에서, 비정규직 일자리에서 일하는 남성은 180만 명인 데 반해 여성은 570만 명에 달한다).[**] "사무실의 천사들"이나 "능력자 제인"처럼 파견업체들은 종종 소녀 분위기의 상호에다 핑크 빛깔의 로고를 내세우며, 13주 이

---

[*]   아래 기사에 인용된 헥수Hecsu의 노동시장 분석가 찰리 볼Charlie Ball의 말: http://news.bbc.co.uk/1/hi/education/4929958.stm

[**]   http://www.statistics.gov.uk/pdfdir/lmsuk0808.pdf

상 같은 장소에서 고용이 지속될 가능성이 매우 낮은 비서직 일자리로 젊은 여성들을 끌어들인다(13주가 넘어가면 고용주는 노동자들에게 법적으로 유급휴가를 줘야 할 의무가 있다). 파견노동은 일종의 해방 내지 좋은 형태의 '유연성'을 빙자하여 판매된다. 여기서 파견업체와 기업들은 여성 노동자가 자신의 '직장 동료'가 누가 될지 결코 알지 못한다는 사실로부터 또 다른 이익을 얻는다. 파견노동자들이 스스로를 조직화하는 것은 구조적으로 불가능하다. 그리고 이처럼 파견노동자들에게 강요된 원자화는 '개인의 선택'이나 '당신의 자유'라는 말로 그럴 듯하게 포장된다. 이러한 책략은 몇 번이고 계속해서 반복된다. 어떤 형태로건 집단적 반응이 적합해 보이는 바로 그 순간—예컨대 임신한 여성에 대한 직장 내 차별에 반발해 벌어지는 캠페인 활동—에, 선택의 언어가 소환된다. "임신을 한 건 **그녀 본인의** 선택이야. 왜 우리가 출산 휴가를 가는 그녀의 빈자리를 메꾸기 위해 더 일을 해야 하지?" 아이가 없는 여성의 가족들을 임신한 여성의 가족들과 싸움을 붙이고, 젊은 사람들을 나이 든 사람들과 싸움을 붙인다. 최근의 보고서는 "관리자들 중 76퍼센트가 새로 고용된 여성들이 일을 시작하고 나서 6개월 이내에 임신할 거라는 사실을 알게 된다면, 그들을 고용하지 않을 거라고 시인했다"고 말하고 있다.[*] 아버지들이 자녀 양육에 관여하고자 하는지 여부에 상관없이, 명백하게 아직도 여성은 양육에 필요한 부담을 대부분 짊어질 것으로 기대되고 있다. 이러한 기대는 언제나 가용한 열정적인 노동자라는 여성의 또 다른 역할과 갈등을 일으킨다. 여성들이 여러 가지 방식으로 자신들의 '유연성'을 위축시킬, 엄마가 된다는 큰 벽에 마주했을 때, 상사들은 어깨를 으쓱거리며 말할 것이다. "이봐, 당신은 당신이 말한 거랑 같은 사람이 아니었잖아. 유감이네!" 일반적인 사회적 책임에 대한 논의나 자녀 양육 책임에 대한 동등한 나눔을 향한 움직임은 즉각적으로 차단되어 버린다―경제를 배반한 건 임신한 여성 개인이라고! 같은 기간 동안 정규직 여성은 정규직 남성보다 약 17퍼센트가량을 적게 받으며, 비정규직 여성은 비정규직 남성보다 평균적으로 37퍼센트가량을 적게 받는다.[**] 임신하지도 않고 부당한 요구를 하지도 않는 모범적인 여성 노동자는 바람직한 데다 값도 싸다.

그렇다면 사람들이 '노동의 여성화'에 대해 이야기할

---

[*]   http://news.bbc.co.uk/1/hi/business/7357509.stm

[**]   "100% of the ability, 60% of the pay: agency targets top women looking for flexibility", *The Guardian*, April 23 2007.

때, 그들의 논의는 종종 두 가지로 해석될 수 있다. '노동의 여성화'라는 문구는 기술적(여성의 일자리가 과거에 그러했듯이, 일반적으로 오늘날의 노동은 불안정해졌으며 소통에 기초하는 경향이 있다)인 동시에 원한의 표현("여자들이 남자들에게 적합한 일자리를 훔쳐갔다! 우리가 적당한 일자리를 더 이상 가질 수 없게 된 건―뭐가 됐건―여성들의 잘못이다!")이기도 하다. 과거보다 노동 영역에 더 많은 여성들이 존재하며, 이제 노동 그 자체가 '여성적'으로 되었다. 크리스티나 모리니Christina Morini[16] 가 말하듯이, 노동의 여성화라는 문구는 "전 세계에서 나타나는 활동적인 여성 인구의 양적 증가라는 객관적 측면을 가리키기 위해서만이 아니라, 이 현상의 질적인 성격과 그 구성 요소를 보다 강조하기 위해서도 사용된다."[*] 이 용어에 대한 대안으로 우리는 이 문구를 뒤집어서 여성의 노동화―여성들이 우선적으로 노동자로 규정된 다음, 경제적 생산성과 연결되지 않은 어머니나 아내 내지 여타의 정체성은 오로지 이차적으로만 인정되는 방식―에 대해 이야기해 볼 수 있을 것이다. 명백하게 노동의 여성화나 여성의 노동화 모두 하나의 전체를 이루는 현상은 아니며, 하나의 완결된 현상으로도 보이지 않는다. 노동의 영광스러

---

[*]   Cristina Morini, "The Feminization of Labour in Cognitive Capitalism", *Feminist Review*, 87, 2007

운 세계는 많은 장애물 앞에서 비틀거린다. 가령 임신이라든가, 나이라든가, 교육의 부족이라든가, (특히 자신들보다 부유한 여성들이 일을 할 수 있게끔 노동하고 있는 이민자들 및 불법 노동자들, 유모들과 청소부들의) 자포자기 따위의 장애물들 앞에서 말이다. 일자리 시장은 끊임없이 남성과 여성 사이에 차이를 두고 있다―가장 뻔뻔스럽게 느껴지는 부분은 동일 노동에 대한 성별 임금 격차가 놀라울 정도로 크다는 사실과, 비정규직 일자리와 봉급이 박한 일자리에서 여성이 엄청난 우세를 보인다는 사실이다. 때때로 이것은 누가 자녀 양육의 부담을 주로 지는지에 대한 기저의 가정과 관련이 있을 테지만, 항상 그런 것은 아니다. 만약 남성의 봉급도 여성의 봉급과 함께 하락했다면, 만약 말 그대로 충분한 일자리가 없고, 만약 (최고경영자에게 다른 사람들보다 몇 배나 많은 돈을 지불해야 하기 때문에, 그리고 물론 소중한 주주들 때문에) 사람들에게 지급할 만한 충분한 돈이 없다면, '여성'이라는 범주는 지난 수백 년간 고용시장을 특징지어 왔던 "가장 먼저 자르고, 가장 나중에 고용한다" 류의 정책을 위해 유용한 존재가 된다. 순수한 해방으로서의 노동이라는 담론은 계급과 연령 문제를 꾸준히 외면함으로써만 가능하다. 그러나 갱년기의 무의식은 활력에 찬 젊은 전문직을 괴롭히기 위해 되돌아온다. 시장이 자신의 미래를 유지하려고 생물학적 재생산에 의존하는 바로 그 순간에, 집에서 아이들을 돌보던 여성 퇴직 노동자들의 유령은 시장을 성가시게 만든다.

그럼에도 불구하고, 어떤 유형의 성공한 여성의 이미지—힐을 신은 도시 노동자, 유연한 파견노동자, 자신의 수입을 바이브레이터와 와인에 사용할 수 있는 열심히 일하는 쾌락주의자—가 확산되고 있고, 이 이미지는 우리로 하여금 자본주의가 여성의 가장 좋은 친구임—그렇다!—을 믿게끔 만든다. 오늘날 선진국들에서는 남녀 모두 '융통성 있는' 노동자가 되라는 요구, 계속해서 '인간관계를 관리'하라는 요구, '자기 자신을 팔라'는 요구, 사실상 일종의 걸어 다니는 이력서가 되라는 요구를 강하게 받고 있다. 그러나 이 편재하는 명령은 틀림없이 생물학적 성별에 따라 다르게 받아들여질 것이다. 데이비드 하비David Harvey[17]는 다음과 같은 방식으로 질문을 던지고 있다. "변화무쌍한 자본의 순환(노동력과 잉여가치의 추출)이 그 순환을 지탱하는 신체(인격과 주체성)에는 어떠한 효과를 미치는가?"* 현대의 노동 세계는 어떤 차원에서는 성과가 제대로 나는 한 누가 노

---

* David Harvey, *Spaces of Hope*(Edinburgh: Edinburgh University Press, 2000), p. 103.

• 57

동을 수행하는가에 관심을 갖지 않는다. 그러나 현대의 노동 세계는 다른 차원에서 비용을 깎거나 이윤을 증가시키는 데 도움이 된다면, 젠더 역할이 변화해 온 역사를 잊지 않고 참조한다—즉 자본주의는 선택적으로 여성이 여성이라는 사실을 기억한다. 모리니는 노동 조직의 변형, 특히 불안정성의 증가는 노동 그 자체가 본질적으로 여성화되었음을 의미한다고 주장한다.

남성에 의한 억압 앞에서 노동은 여성이 해방될 수 있는 효과적 기회를 제공한다. 비록 노동의 위계 조직이 설정한 한계 안에서의 해방이겠지만 말이다. 이제는 현대 자본주의의 구조적 요소로 변형되어 버린 일반화된 불안정성의 차원 덕택으로, "여성이 되어버린 노동"이란 노동시장에서 많은 시간 동안 여성이 경험해 온 용역 제공의 파편화 및 종속화/흡수의 복잡한 과정이, 이제는 젠더와 무관한 일반적 패러다임으로 자리 잡게 되었음을 의미한다. 이러한 의미에서 오늘날의 사회적 불안정성을 나타내는 형상은 여성이라고 주장할 수 있을 것이다. 인지적 자본주의의 불안정성 속에서 유동성과 파편화는 젠더와 상관없이 모든 사람의 노동을 구성하는 요소가 됐다.[*]

---

[*] Cristina Morini, 같은 글.

이제 모든 노동은, 심지어 남성의 노동까지, 여성의 노동이 되었다. 부동산 광고에 등장하는 젊은 전문직 여성이 성취의 패러다임적 이미지로서 우리에게 찬란하게 빛을 비추는 것은 놀라운 일이 아니다. 비르노가 말하듯이 "제대로 이해된 포스트-포드주의적 '전문성'은 어떠한 정확한 직종에도 상응하지 않는다. 그것은 오히려 일정한 성격적 특징들로 구성된다."* 경제적 시간의 지금 이 시점에서, 그러한 성격적 특징들은 두드러지게 여성적이다. 이것이야말로 실용주의적이고 열성적인 전문직 여성이 노동 세계 전체의 상징이 되는 이유다.

---

*   Paolo Virno, "Post-Fordist Semblance", p. 44.

1.1

당신은 걸어 다니는 광고판이다

이와 같은 노동의 여성화는 구직의 여성화이기도 하다. 만약 남성과 여성이 언제나 스스로를 걸어 다니는 이력서로 만들어야 하고, 끊임없이 인간관계를 관리하고, 지속적으로 자기 자신을 광고해야 한다면, 바로 이 '신체'란 고용의 논리가 우리의 행실을 코드화하는 주된 장소라고 할 수 있을 것이다. 채용 대상자 풀의 정상에서 바닥까지, 직업을 위해 재훈련받은 구직자가 됐든, 계약서를 만지작거리는 최고경영자가 됐든, 일터에서의 당신의 육체적 실존은 당신이 그동안 머무른 곳과 그곳에서 당신이 시간을 어떻게 짭짤하게 사용했는지를 요약해 주는 이력서와 일치를 이루게 된다. 심지어 채용 대상자 풀의 최하층에 있는 사람들─특히나 하급 임무를 수행하도록 고용된 외국인 노동자조차도 노동을 하려고 하고 '자기 자신을 팔려고 하는' 의

지를 보여주어야 한다. 대규모의 상비 노동력이 당신의 자리를 차지하려고 벼르고 있다면 더욱 그래야 한다.

당신이 그것들을 얻기 위해 노동을 했든지/공부를 했든지/어떤 대가를 지불해 왔든지 상관없이, 당신이 가진 모든 것은 당신의 구직 활동을 위한 무기고로 들어간다. 누군가의 외모나 매너, 외양은 이제 더 이상 어딘가에 감춰져야 할 것이거나 가까운 이들에게만 적실성을 갖는 무언가가 아니라, 그 사람의 전부다. 이는 그저 일을 하기 위해 '영리하게 보이는' 차원의 문제가 아니다. 차라리 이는 당신의 가장 기초를 이루는 주체적이고 신체적인 태도까지를 포함해 모든 것이 셈해지는 위치에 당신이 서 있다는 것을 의미한다. 모든 것이 진열장에 전시되며, 모든 것이 셈해진다. 회의실에서부터 스트립 클럽에 이르기까지, 당신은 스스로가 참으로 좋은 노동자이며, 동기가 충만하게 부여된 피고용자라는 점을 드러내야 한다. 또한 당신이 노동의 영광스러운 세계로 완전히 몰입하는 것을 방해할 수 있는 건 아무것도 없다는 점을 증명해야 한다. 이를 통해 당신은 모든 순간 당신이 가진 자산들을 자본화해야만 한다.

최근 몇 년간 '자유 시간'과 '노동 시간'의 경계선이 극도로 흐릿해졌다는 주장을 우리가 받아들인다면, '여가시간'에 개인들이 과연 어떤 일을 하기로 선택했는지를 살펴보는 것은 흥미로운 일일 것이다. 주로 대학가를 방문해 만취한 채 옷을 벗는 여자들을 보여주는 '막 나가는 여자들 Girls Gone Wild'이라는 포르노 프랜차이즈가 있다. 이 프랜차이즈가 이따금 보여주는 바닷가에서의 섹스와 음주 장면들, 이른바 봄방학의 미국적 전통 같은 '극단적인' 여가의 순간에는 무언가 흥미로운 지점이 있다. '막 나가는 여자들' 촬영팀이 젖가슴을 보여주거나 다른 여성과의 진한 키스를 연출해 준 데 대한 대가로 여성들에게 모자나 티셔츠를 나눠줄 때, 다음과 같은 논리는 감춤 없이 드러난다: "외양의 뒤편에 남겨지거나 숨겨진 주체적인 요소란 아무것도 없다는 사실, 즉 당신이 외면의 행동거지와 위화감 없이 어울린다는 사실을 드러내는 일종의 공연을 해 준 대가로, 우리는 당신에게 아무 가치가 없을 것이 분명한 쓰레기를 줄 것이다." 당신은 그저 두 짝의 젖가슴일 뿐이다.

이 모든 것들은 여성과 신체 간의 관계에서 나타난 매우 심각한 변형을 표지한다. 이는 과거처럼 일부 신체 부위에 대한 굴절된 주목이 인격 전체에 대한 주목으로 이어질 것이라는 희망 아래, 자신이 가진 자산들을 과장하는 것(사르트르의 자기기만mauvaise foi*의 사례에서처럼, 데이트에 나간 젊은 여성은 음탕한 남자 친구가 자기 손을 잡으려 할 때마다 자기 손이 무생물인 양 대하면서, 대신 보다 '고상한' 주제에 대해서 이야기한다. 이는 그녀가 참임을 알고 있는 바―젊은 남자가 그녀를 성적으로 욕망한다는 사실―를 일시적이고 유쾌하게 유예시키기 위함이다)과는 거리가 멀다. 이제 자산들, [신체의] 부위들이 전체의 기능을 떠맡는다. 현대 문화에 팽배해 있는 훔쳐보기 쇼의 파편성은 여성들이 자신의 젖가슴을 그들 자신으로부터, 그들의 인격으로부터, 심지어 그들의 나머지 신체로부터 **전적으로 분리된 독립체**로 여기라고 요구한다. 도덕적 합리적 자아로서의 본성을 가진 모든 자율적이고 유기적인 행위자들은 자동-대상화[자동-객체화]auto-objectivization 속으로 용해된다.

---

* 프랑스 실존주의 철학자 장 폴 사르트르Jean Paul Sartre(1905-1980)에 따르면 '자기기만'이란, 인간 존재가 자신에게 주어진 자유를 거부하고, 정해진 법칙이나 의미, 의무, 권리 같은 거짓된 가치들을 채택함으로써, 진정성 없이 행위하는 것을 말한다. 데이트에 나선 젊은 여성의 예는 사르트르의 주저인『존재와 무』에 등장한다. 이 예시에서 여성은 남자 친구가 자신의 손을 잡는다는 것이 진도를 나가자는 의미임을 잘 알고 있다. 하지만 그녀는 거절도 승낙도 하지 않은 채, 그에게 잡힌 손을 그녀 자신과는 무관한 사물인 양 취급한다. 그녀가 이렇게 행동하는 까닭은, 남자의 성적인 제안을 물리치거나 받아들여야만 하는 선택의 순간을 유예하기 위함이다. 사르트르에 따르면, 그녀는 자신이 자유롭다는 사실을 명백하게 알고 있으면서도, 그러한 자유를 받아들이고 행사하길 거부하는 '자기기만'을 보여주고 있다.―옮긴이

그들, 젖가슴의 '주인들'이 아니라 그저 젖가슴일 뿐인 존재들은 시선들이 모이는 중심이다. 그들은 마치 여행가방이나 도넛처럼 놀라운 규칙성을 따라 완전하게 자율적인 대상인 것처럼 언급된다. 지속적으로 조작/조절당하고, 노출되거나 가려지거나, 논의의 대상이 되는 오늘날의 젖가슴과 부르주아적 애완동물만큼 닮은 것은 없을 것이다. 바보스럽고 이빨도 없는 주제에 왕왕 짖기만 하는, 귀여운 리본과 주머니를 달고 있는 강아지들 말이다. 이렇게 젖도 나오지 않는 (패션이 그러하듯이 자주 '가짜'라는 점이 명시적으로 드러나는) 넋 나간 관음증의 대상은 자기 주인들의 의지와 욕망으로부터 독립적이며, 그들 나름의 의지와 욕망을 가진 존재로 반복적으로 묘사된다("아, 젠장! 얘가 또 내 옷옷 밖으로 튀어나왔네!"). 가슴 확대 수술과 그에 수반되는 출혈이 사악한 정신을 파괴하기보다 외려 그러한 정신을 주입하기라도 한 것처럼 말이다. 누군가의 가슴을 보고 처음 내뱉는 말은 더 이상 "너 참 멋져 보여"가 아니라 "그거 진짜니?"라는 질문이다. 애드리언 앤서니 길A.A.Gill[18]은 애비 티트머스Abi Titmuss[19]에 대해 다음과 같이 썼다. "[그녀는] 자신의 젖가슴이 스스로를 가리는 능력을 결핍하고 있다고 말한다. 마치 젖가슴이 그녀가 견뎌내야 할 의학적 질환이라도 되는 양 최대한의 유머와 극기심을 모아서 그렇게 말한다.

과시적인 섹슈얼리티의 돌발은 마치 습진의 발병과도 같다. 그것은 혐오스럽고 꼴불견이지만 그녀의 잘못은 아니다."* 레즈비언에 대한 남자들의 장난기 섞인 가설적 질문("너는 하루 종일 네 젖가슴을 갖고 놀지 않니?")은 문자 그대로 실현된다. 젖가슴은 신체적인 동시에 경제적인 의미에서 '자산'이며, 우리는 그 자산으로부터 가능한 한 많은 사용 가치를 이끌어내야 한다. 젖가슴의 모유 수유 기능은 도착적이게도 젖가슴의 부차적인 성적 특징에 비하면 2차적이다.

자율적인 젖가슴과 거기에 수반하는 인간 존재의 이력서화가 의미하는 것은, 이제 식민화되어야 할 주체적인 차원이 더 이상 존재하지 않으므로(혹은 사실상 존재하지 않으므로) 객체화[대상화]의 언어도 더 이상 유용하지 않다는 사실이다. 객체화의 언어는 최소한의 주체적 차이, 즉 바디우가 개인적 관계의 영역에서 "자신이 고른 사람 앞에서만 옷을 벗을 수 있는 [……] 여성이 가진 무형의 권리"라고 예스럽게 불렀던 것을 요구한다. 우리는 노동 영역에서 이를 자신의 인격 전체와 사적 삶을 발가벗지 않아도 될 권리라고

---

* "I'm a celebrity, get off with me"(http://entertainment.timesonline.co.uk/tol/arts_and_entertainment/tv_and_radio/article524635.ece)

• 65

부를 수 있을 것이다. 그러나 [이러한 발가벗음이야말로] 오늘날의 노동 세계가 점점 더 많이 요구하고 있는 것이다—당신은 (이메일로건 전화로건) 언제나 계약 가능해야 하고, 당신은 언제나 당신이 일하는 기업의 '대사大使'이며(그러니 당신의 블로그에 당신의 일과 관련된 것들은 절대 쓰지 마시오!), 사적 영역과 낮의 노동을 가르는 경계는 더 이상 존재하지 않는다(페이스북은 친구와 직장 동료를 뒤섞어 버린다). 개인적인 것은 더 이상 그저 정치적인 것에 그치지 않는다. 개인적인 것은 이제 속속들이 경제적이다.

아마도 객체적/주체적인 것 사이의 대립이 죽음을 맞이했다는 것을 보여주는 또 다른 징표는 패러디적인 역사적 전도顚倒의 형태로 다가올 것이다. 여성이 남성에 대해 (대체로 불평하는 투로) 일반화를 시도하거나, 심지어 직장에서 "저 남자는 엉덩이가 귀여워"라고 말하는 건 상대적으로 잘 용납되는 편이다. 왜냐하면 이것은 몇십 년 전의 성차별주의에 대한 이빨 없는 패러디에 불과하기 때문이다. 객체화[대상화]는 객체화의 포획에 저항하는 무언가가 주체 안에 남아 있다는 것을 암시한다. 즉 누군가가 우리 주체 안의 내면성을 부정하려고 시도하는 것처럼 생각된다면 그러한 시도에 저항할 것이라는 점을 암시한다. 그러나 오늘날의 노동이 누구에게든 우리가 과거에 이해했던 방식의 내적인 삶을 허용하는지는 상당히 불명확하다.

노동하는 삶과 사회적 삶, 그리고 개인적 삶과 신체적 삶 간의 경계가 흐려지는 현상은 거의 총체적으로 이뤄진다고 할 수 있다. 만약 페미니즘에 미래가 있다면, 페미니즘은 우리의 삶과 실존이 새로운 지배양식에 의해 식민화되는 방식들을 제대로 평가해야만 한다. 이 새로운 지배양식은 과거에 논의되던 대상화[객체화]의 문제를 넘어선다.

2.0
소비자 페미니즘

이 인터뷰에서 나는 푸코를 읽은 적이 있다고 말했어요. 대학에서 푸코를 읽지 않았던 사람이 어디 있겠어요, 그죠? 이 스트립 클럽에서 언젠가 나는 어떤 남자 앞에서 랩 댄스를 추고 있었는데, 그는 나랑 푸코에 대해 토론하길 원했어요. 글쎄요, 난 발가벗고 춤을 출 수도 있고, 푸코에 대해 토론을 할 수도 있죠. 그러나 둘을 동시에 할 순 없어요.

— 애나벨 청Annabel Chong[20], 1999년

현대의 페미니즘은 노동에서부터 성과 포르노, 가족에 이르는 광범위한 질문들에 대해 답변을 마련하고자 했다. 만약 그 답변들을 액면 그대로 믿는다면 미래는 밝아 보인다. 『마니페스타: 젊은 여성, 페미니즘, 그리고 미래 *Manifesta: Young Women, Feminism and the Future*』나 『전면적

페미니즘*Full-Frontal Feminism*』과 같은 책들은 겉으로 보기에 엄청난 양의 '말대꾸'와 자신감의 숨 가쁜 구축을 통해 젊은 페미니스트들의 시장을 공략하려고 시도한다. 이는 글로리아 스타이넘Gloria Steinem[21]의 1992년 책 『셀프혁명 *Revolution from Within: A Book of Self-Esteem*』에서 힌트를 얻은 자조self-help 운동의 이상하지만 상대적으로 성공적인 형태라고 할 수 있다. 이 책들에서 페미니즘의 정치적 차원과 역사적 차원은 자기 자신을 보다 긍정적으로 느끼라는 명령, 보다 강인한 개인이 되라는 명령 아래 포섭되어 버린다. 이러한 페미니즘은 "나는 페미니스트는 아니에요, 그렇지만……" 같은 관용구에 대한 반응으로서는 성공적일 것이다. 거의 모든 것이 '페미니스트적인 것'으로 포장된다―쇼핑과 폴 댄스 추기는 물론이고 심지어 초콜릿을 먹는 행위까지 말이다. 이 절은 '해방적인' 페미니즘과 '해방적인' 자본주의 사이의 주목할 만한 유사성을 드러내고, 어떻게 해방을 위한 욕망이 단지 더 많은 상품을 구매하려는 욕망과 전격적으로 교환 가능한 무언가처럼 보이게 되었는지를 살펴보려고 한다. 이 주제들은 현대 여성성의 핵심적 표지들―영화, 잡지, 자해自害, 초콜릿, 신학적 낭만주의의 낯선 유형―을 간략하게 살펴봄으로써 검토될 것이다.

2.1
페미니즘™: 속임수라는 동전의 양면

　　페미니즘은 침실에서부터 회의실까지, 죄의식 없는 성행위에서부터 헤로인을 순수하게 즐기는 방법과 쇼핑몰에 이르기까지, 당신의 라이프스타일 개선을 위한 최신의 상품을 제안한다―나는 다이어트를 하지 않으니까 괜찮아! **난** 속고 있는 게 아니야! 나는 내가 좋아하는 건 뭐든 살 수 있어! 페미니즘™은 여성-자본™의 완벽한 동행자이다: 정치란 것은 별 게 아니라 균형감각을 잘 갖춘 개인의 문제다(행복한 쇼핑객). 당당함을 누린다는 건, **말하자면** 유행에 정통하다는 것과 같다(소비자의 자신감). 무엇보다 우리는 **절대로** 파사드facade에 균열이 있다는 점을 인정해서는 안 된다(이데올로기). 이 토대에는 아무런 흠도 없다! 토대는 밤새도록 굳건할 것이다. 남자들과는 다르게, 여자들은 왜 있잖아, 키득키득, 등등.

평등의 문제를 지나치게 쉽게 보이게 만드는 제시카 발렌티의 최근작을 보라. 여기서 우리는 페미니즘이 누군가의 아파트가 잘 정돈되어 있는지 궁금해 하는 것일 뿐만 아니라("이 기사를 위한 사진 촬영을 준비하던 동안, 내가 데이트하던 상대 남자는 [……] 내 방을 깔끔하게 청소해 주었다. 내 아파트가 주말 동안 얼마나 지저분했는지 사진사가 결코 알아차릴 수 없게끔 말이다"), 페미니즘이 사실 우리 삶을 보다 **즐겁게** 만드는 것이라는 정보를 얻게 된다. 소녀들아, 페미니즘은 단호한 얼굴을 한 채 면도를 거부하는 것이나 약간 화가 나 있는 상태 따위와 관련된 것만은 아니야. 페미니즘은 전적으로 너를 도와주려는 거야. 예컨대 페미니스트가 하는 일에 대한 발렌티의 묘사를 살펴보자:

내게는 성차별적인 바보짓에 당당하게 항의하며 하루하루를 보내는 멋진 여성 친구들 모임이 있어—이 친구들은 클럽에 가서는 나와 행복하게 엉덩이가 떨어져라 격렬한 춤을 추기도 하지.[*]

이 표현 그대로 실제로 사람들이 "엉덩이가 떨어져라 격렬한 춤을" 춘다면 얼마나 무서울지의 문제를 떠나서, 발

---

[*]   Jessica Valenti, "Up The Revolution!", *The Guardian*, 18/04/07.

렌티의 주장은 페미니즘을 최신의 필수 액세서리로 판매하려는 필사적인 노력이라고 할 수 있다. "나는 예전에는 페미니스트들을 그저 비참한 털북숭이들이라고 생각했다"라는 낡아빠진 이야기를 꺼내면서, 발렌티는 허위적인 급진성의 포장 아래 자신의 페미니스트 선언을 팔아보려고 최선을 다한다. **성스러운 신체**를 평등주의적인 비개인적 기획에 비해 부차적인 것으로 간주하길 두려워하지 않았던 수세기 동안의 정치운동이 그녀 주변에서 산산조각 나는 동안, 발렌티는 자신의 배꼽을 기쁨 어린 호기심으로 바라보며 "당신의 몸을 사랑하는 것이 혁명적 행위가 될 수 있다"고 결론 내린다. 그렇지만 통계적으로나 역사적으로나 소수에 불과한 화난 털북숭이 여성들이 그들의 반대자들 및 그들을 계승하길 희망하는 자들에게 각인시켜 온 불균형한 공포심을 상대하기 위해서, 우리는 그 여성들에게 가능한 한 자주 경의를 표해야 할 것이다.

국제주의적이고 정치적인 자질들을 모두 제거한 페미니즘은 딱 모조 다이아몬드가 박힌 스마트폰 커버만큼만 급진적이다. 발렌티는 페미니즘이 "행복하고 충만한 삶을 살고자 하는" 여성들에게 필수적이라고 "진정으로 믿는다." 구조적 분석이나 진실한 분노, 집단적 요구를 완전히 결여한 채 유산균 요거트 음료처럼 술술 넘어가는 발렌티식 페미니즘은 자신의 상품을 효과적으로 판매하기 위해 자본주의를 칭찬해야만 한다고 믿는다. "숙녀들이여, 우리는 개인적으로 행동을 취해야 한다"고 발렌티가 말했을 때, 그녀가 진짜 의미한 바는 모든 여성이 각자도생해야 한다는 것이다. 페미니즘™을 지향하는 여성이 가장 좋은 신발과 초콜릿처럼 달콤한 섹스를 얻는 자들이라면, 자매여, 너한테는 너무 안된 일이야.

이제 "여성들은 무엇을 원하는가?"라는 프로이트의 악명 높은 질문에 대해 답변이 너무 쉽게 마련된 것처럼 보인다. 왜 그렇지 않겠는가! 여성들은 신발과 초콜릿, 핸드백과 아이들을 원하며, 고데기를 말고서 화이트와인 한 잔과 함께 직장/남자/친구(여기서 해당되지 않는 건 적절하게 지워버리자)에 대해 불평하길 원한다. 이러한 현대 여성성에 대한 이해방식은 선진국들에서 특징적으로 나타나는 만큼, 어느 곳에서나 찾아볼 수 있을 것이다.

여성들이 광고나 잡지, 영화 속 거짓말에 속아 왔다고 말하는 것만으로는 충분하지 않다. 사람들은 이미 수십 년 동안 그렇게 말해 왔다. 비쩍 마른 모델들이 거식증을 '초래하는지' 여부에 대한 논쟁이나 미의 기준이 우울증이나 자해, 불안의 수준을 증가시키는 데 기여하는지 여부에 대한 논쟁은, 그러한 논쟁에 일부 진실이 있다고 하더라도 한 번도 만족스러웠던 적이 없다.

무자비할 정도로 내용이 없는 글들이 실린다는 문제를 떠나서, 『엘르』, 『보그』 등의 잡지들은 눈에 뛸 정도로 **뒤죽박죽이다**. 이 잡지들은 당신에게 신체적 열망의 정해진 조합을 서슴없이 던져주기보다, 서로 충돌하는 요구들과 불안의 한층 더 복잡한 조합들을 창조해 낸다. 당장 이 잡지들의 15쪽이나 그 어딘가에서 '이번 시즌의 패션들'을 살펴보라―이 모든 패션들을 동등한 정도로 '따른다면' 당신은 친기업적인-고스-보헤미안-네온-네이티브-아메리칸-인디언-캐주얼-오피스 걸이 될 것이다. 이 조합이 꽤 **흥미로워** 보이긴 하겠지만, 패션 잡지들이 의도한 바가 그러한 모습은 아닐 것이다. 그러나 패션들을 **서로로부터** 구별해 줄 수 있는 방법은 말 그대로 존재하지 않는다―당신이 그러한 패션들에 신경을 쓴다고 가정한다면, 당신은 이들 중에서 아마도 어떤 패션이 **보다** 유행하는 것인지를 알고 싶을 것이다. 오로지 엄청난 부자만이 유행하는 패션들 모두를 따르는 데 드는 비용을 감당할 수 있다.

패션 모델들도 마찬가지다—그들의 가장 확실한 공통점은 비쩍 마른 몸매에 있는데, 말하자면 그들은 등에 팔다리가 붙은 것 같은 별종들이다—그러나 모델들의 외모가 서로 얼마나 다르던 간에 이상하게도 그들은 모두 일종의 먹을거리처럼 보인다. 포토샵은 패션 사진들을 따라하기보다는 차라리 핥고 싶은 무언가로 바꿔놓는다. 당신을 쳐다보고 있는 반라의 여성의 리비도적 경제는 당신이 특히나 남성적인 응시의 소유자가 된 것처럼 작동한다. 당신이 패션모델들을 부러워해야 하는지 찬양해야 하는지는 불분명하다—그러나 이 문제는 실제 세계에서도 불분명하긴 매한가지다. '(어떤 모델을 닮아야 할지, 어떤 패션을 골라야 할지) 알지 못하게 만드는 것'은 분명 쇼핑에 대한 열광에 딱 적합한 종류의 불안을 만들어 내는 영리한 방법이다. 불안에 빠진 사람들은 잡지들이 만들어 낸 일관성 없는 요구들의 집합에 가능한 한 가깝게 가기 위해서 다양한 종류의 신발과 잡화들을 최대한으로 구매하게 될 것이다. 물론 패션이라는 것이 살아남기 위해선 잡지와 광고들은 절대 "당신에게 어울리는 것을 찾아서, 오로지 그것만 입으라"고 말해서는 안 된다. 패션 잡지들은 불가능한 요구들과 명백하게 엮여 있다. 패션 잡지들은 자아-이상이라기보다는 금전적 소비의 원동력으로서 더 잘 이해될 수 있을 것으로 보인다.

그러나 패션이 혼란스러운 불안을 유도하는 과정으로 더 유용하게 작동한다면, 섹스—해방적이고 페미니즘적인 유형의 섹스이자, 자본주의적 광고와 비슷한 유형의 섹스—는 현저하게 동질적으로 표상된다. 『여성 우월주의자 돼지들Feminist Chauvinist Pigs』이라는 책에서 에이리얼 레비Ariel Levy[22]는 이러한 문화를 일정한 방식으로 묘사하려 한다.

　　여성 섹슈얼리티의 천박하게 번쩍거리고 야한 만화적 판본은 너무나 널리 퍼져 있어서, 이제는 더 이상 특별해 보이지도 않는다. 우리가 한때 **일종의** 성적 표현으로 여겼던 것을, 우리는 이제 섹슈얼리티**의 문제로** 바라본다.*

　　이것은 분명히 언젠가 상상되었던 해방의 그림과는 거리가 있다—저메인 그리어Germaine Greer[23]가 고통스럽게 고백한 것을 생각해 보라. 여성의 섹슈얼리티를 해방시키자는 그녀의 주장은 '실현'되었지만, 그 해방이란 종국엔 겨우 십대 초반 청소년을 위해 "창녀slut"라고 적힌 티셔츠를 판매하는 일을 의미했을 뿐이다. 어떤 의미에서 도덕이

---

* 　　Ariel Levy, *Female Chauvinist Pigs: Women and the Rise of Raunch Culture*(Free Press, 2005), p. 5.

라고는 알지 못하는 (혹은 적어도 도덕을 쉽게 바꿀 수 있는) 자본주의는, 노출이 심한 잠옷과 끈팬티를 파는 일이 돈이 되는 한, 섹스를 되찾아 오려는 긍정적이면서 행복하고 '페미니스트적인' 노력에 대해 별로 신경을 쓰지 않을 것이다. "여성 우월주의자 돼지들"이나 "다른 여성과 자기 자신을 성적 대상으로 만드는 여성"과 같은 레비의 개념은 그렇게 새로운 것이 아닐 수 있다―당신이 다른 여성들을 비난하면서도 동시에 부러워하도록 만드는 여성 잡지란 결국 오랜 시간 동안 존재해 오지 않았나. 그러나 이 현상이 최근에 이르러 특히나 포르노그래피적인 오염의 양상을 띠게 됐다는 레비의 지적은 옳다.

여성이 다른 여성을 섹슈얼한 존재로 대하는 것을 페미니즘적-휴머니즘적인 두려움의 눈초리로 바라보는 사람들이 많다는 점은 이해 가능한 일이다. 그들은 "어떤 여성이 다른 여성을, 계몽되지 않은 남성들이 여성을 대하듯이 대하는 일은 가능하지 않다!"고 말한다. 그러나 여성들도 다른 여성을 섹슈얼한 존재로 대할 수 있으며, 정말로 그렇게 한다. 때때로 이러한 섹슈얼화의 과정은 직접적으로 이루어진다―예컨대 이성애자 남성 친구들을 성적으로 자극하기 위해 여성들 간의 동성애를 연출하는 장면의 복잡한 역할을 생각해 보라. 여성이라고 해서 반드시 남성보다 천성적으로 나은 건 아니라는 점은 명백하다. 결국 레비는 섹슈얼리티의 멋지고 해방된 버전—"우리는 우리가 섹스로부터 얻길 바라는 것이 무엇인지 우리 내면을 탐색할 자유를 가져야 한다"*—과 가슴 확대 수술과 폴 댄스 등의 인공적이고 만화적인 세계를 대비시키는 덫에 빠진다. 이러한 레비의 입장에 잘못된 점은 없다. 사실 레비의 입장은 굉장히 공감할 만한 것이다. 그러나 문제는 이제 더 이상 소위 '진짜' 섹슈얼리티를 탐색할 수 있는 '자유'로 되돌아갈 수 있는 방법이 없다는 데 있다. 만약 구직 시장에 대한 분석이 제시하는 것처럼 개인들의 자기-상품화가 모든 곳에 편재해 있다면 어찌 하겠는가? 만약 더 이상 욕망과 갈망, 판타지의 '내적' 영역과 섹슈얼한 존재로서 자기 자신에 대한 '외적' 현시 사이에 경계가 존재하지 않는다면 어찌 하겠는가? 만약 이미지가 그대로 현실이라면 어찌 하겠는가? 이러한 가정이 절망적으로 보이긴 하겠지만, '모든 이미지들의 배후에 멋진 성적 욕망을 저장해 두는 진정하고 인간적인 공간이 있다'고 가정하는 것보다는 유용한 출발점이 될 것이다. 만약 참으로 주체적인 저항의 순간들이 존재한다면, 그것들은 별로 상쾌하지 않은 것일지도 모른다. 예컨대

---

* Ariel Levy, 같은 책, p. 200.

여성들에게 특히 더 흔하게 나타나는 자해나 '커팅' 같은 행위를 생각해 보라. 자해는 현실을 환기하고 현실에 대한 감각을 만들어 내려는 시도다. 붉은 피가 흐른다는 것은 아직 '사적 영역'에 완전히 상실되지 않은 무언가가 남아 있음을 암시한다. 그 '조그마한 무언가'는 포획에 저항한다 (반면에 궁극적으로 문신은 모든 반-문화의 역사에서 조건화된 의미의 영역에 대한 일종의 수용을 암시한다). (대부분이) 여성인 자해 시도자들의 사적인 집단에 대해 우리가 말할 수 있는 것은 다음과 같다. 자해 시도자들은 [문신을 한 사람들과 달리] 서로를 상징적으로 이해하지 못한다. 그들이 흉터를 가지고 소통하는 일은 없다. 반反-문신으로서의 자해. [자해자에게는 문신처럼] 상처를 얻는 것이 고통의 목적이 아니다. 현실을 창조하려는 개인화되고 집중적인 실시간의 시도야말로 자해를 하는 사람들이 추구하는 고통의 참된 요점이다. 크리스티나 리치Christina Ricci[24] 는 손톱이나 탄산음료 캔의 꼭지 부분을 이용해 자해를 했던 경험에 대해 다음과 같이 말한다. "자해는 내가 고통을 잘 다룰 수 있는지 살펴보는 일종의 실험이었다. [……] **그건 술을 빨리 마시는 거랑 비슷한 거다**." 그것은 술을 빨리 마시는 것이랑 비슷한 거다. 당신을 진정시키기 위해 뒤통수에다 즉각적인 화학적 타격을 가하는 것이랑 비슷한 일이다.

우리는 너무도 우리의 행태를 개인적인 것이라고 생각하게끔 잘 조건화되어 있기 때문에(학위는 하나의 '투자'이며, 가족을 만드는 건 '개인적 선택'이다), 우리의 현 상황이 가진 집합적이고 역사적인 차원을 놓친다. 오늘날의 여성들은 '잘 적응하고 있으며', 그녀들은 '좋은 노동자들'이다. 보헤미안적이고 상상적인 남성에 반해 여성들이 '분별력이 있다'는 생각은 나름의 역사를 갖고 있는데, 이는 꽤 이상한 생각이기도 하다. '천재'는 일반적으로 여성적 특징—상상력과 직관, 감성과 광기—을 가지고 있다. 그러나 물론 천재들은 진짜 여성은 아니다. 위대한 예술가는 **여성적인 남자**이지, 여성적인 여자나 남성적인 여자가 아니다. 여성들은 광기에 **빠질** 수는 있지만, 심미적으로 충만한 영감을 가질 수는 없다. 어떤 여성들은 제정신으로 남아 있으면서, 약간은 여성스럽지만 너무 여성스럽지는 않은 참된 창조자들에게 위안을 제공할 수 있긴 할 것이다.

그러나 **정말로** 여성들이 남성들보다 분별력이 있는가? 여성들이 천성적으로 남성들보다 안정적이라고 보기는 힘들다. 실로 역사적으로 다양한 시점에서 여성들은 남성들보다 안정적인 존재로 **생각되지 않았다**(19세기의 '히스테리적인' 여성들, 여성들이 남자들보다 부르주아적인 가족 구성에 대해 덜 헌신적이라고 인식했던 1917-1918년 소련의 이혼과 낙태에 관한 법률들, 1950-1960년대에 베티 프리던Betty Friedan[25]이 '이름 없는 문제the problem with no name*'라고 불렸던 것들을 생각해 보라). 때때로 여성들은 악마로 가득 차 있는 자궁을 가진 채 미친 듯이 날뛰는 하피harpies[그리스 신화에 나오는 여자의 머리와 몸에 새의 날개와 발을 가진 괴물]로 생각되었고, 또 다른 때에는 교외 단층집의 다리미판처럼 잘 접어서 정리될 수 있는 존재로 생각되었다.

예를 들자면, 한동안 남성 블로거들 사이에서 자신의 배우자를 지나가는 말로 **안사람**her indoors—아마도 레코드판을 수집하는 남자들의 한심한 취미생활에 불만을 가질 여자들, 남자들의 장난감을 치워 버리곤 그들에게 '가족적인 일들'을 하게끔 만드는 여자들—이라고 비유하는 것이 유행이었다. 이 비유는 정직하지 않은데, 왜냐하면 이 비유는 남자들이 아이들과 놀거나 파트너랑 시간을 보내는 것을 즐긴다는 사실을 감추기 위한 일종의 변명이기 때문이

---

* 『여성성이라는 신화』에서 프리던은 '왜 사회가 요구하는 여성의 이미지에 따라 성공적으로 중산층의 가정생활을 이끌고 있는 아내들이 행복하지 않은가'라는 질문을 던지면서, 미국의 중산층 여성들이 겪고 있는 불행과 불안을 '이름 없는 문제'라고 지칭했다. 그녀는 이러한 '이름 없는 문제'의 해결을 위해선 여성들에게도 자신들이 가진 잠재력을 실현할 기회가 공정하게 주어져야 한다고 역설했다.

다. 또한 이 비유는 수집 취미를 가질 수 있는 사람은 오로지 남자뿐이라는 관념을 미묘하게 퍼뜨린다. 비록 그들 스스로 이 취미를 조롱하고 있긴 하지만 말이다. 이 비유는 일종의 안전망이다─당신은 매우 아방가르드적인 음악/영화/문학을 좋아할 수 있겠지만, 집에 가면 완벽하게 정상적인 가족으로 돌아가서 약간의 성적인 의무를 수행하면서 따분한 가정생활을 영위할 것이다. 남자들에겐 아이디어와 주장과 집착하는 바들이 있다. 반면 여자들은 균형 잡혀 있고 원만하다. 왜냐하면 여자들은 남자들보다 더 **세속적**worldly이기 때문이다. 그렇지 않나? 여성들은 어떻게 세상이 돌아가는지 알고 있다. **"여보, 차 한 잔 할래?"**

분명히 이와 같이 연약하고 고통받은 남성들을 돌보기 위해 대학 입학시험을 통과한, 충분한 열정과 감정적인 여유를 가진 성공적이고 안정적인 여성에 대한 널리 퍼진 이미지가 있다. 그러나 현실을 따지자면, 여자들이라고 해서 어떻게 세상이 돌아가는지 더 잘 아는 것은 아니다. (모든 사람들과 마찬가지로) 여자들이라고 더 멋지고 안정적인 정상성에 대한 통찰을 가지고 있는 것은 분명히 아니다. 안정적인 젊은 여성에 대한 **심상**imago은 차라리 구인시장이 필요로 하는 이상적인 노동자에 대한 묘사 같아 보인다. 그러나 이러한 심상이, 몇 년 안에 또 다시 여성들이 자궁에서 비롯된 미친 생각들로 사회를 들어 엎으려고 하는 광기에 찬 이세벨들Jezebels[26] 로 그려지는 일이 없으리라는 걸 의미하지는 않는다.

발렌티와 여타 작가들이 제시하는 긍정적이고 쾌활한 페미니즘의 문제들 중 하나는, 그들의 페미니즘이 실패를 허용하지 않는다는 데 있다.『전면적 페미니즘』의 다음과 같은 구절들을 보라. "당신이 페미니스트라면 오히려 그날 그날 꾸려가는 삶이 나을 수 있다. 당신은 보다 나은 결정을 내릴 것이다. 당신은 보다 나은 섹스를 즐길 것이다."* "못생기고 뚱뚱하고 털북숭이인 것에 뭔가 문제라도 있는가? 물론 아니다. 하지만 솔직해 지자. 누구도 멋지지 않고 매력적이지 않은 무언가와 연루되는 걸 원하지 않는다. 그러나 중요한 건 페미니스트들은 멋진 (그리고 매력적인!) 여자들이라는 거다."** 더 나아가 "페미니즘이란 당신 자신을 위해 스스로 정의하는 것이다."*** 만약 페미니즘이 당신 자신을 위해

---

*   Jessica Valenti, *Full Frontal Feminism: A Young Women's Guide to Why Feminism Matters*(Seal Press, 2007), p. 1.

**   같은 책, p. 8.

***   같은 책, p. 14.

스스로 정의하는 것이라면, 페미니즘이 순수한 이기주의나 순수하게 벌거벗은 탐욕이 되는 걸 막을 수 있는 건 무엇인가? 그럴 수 있는 건 아무것도 없다. "페미니즘은 당신이 스스로를 즐길 권리가 있다고 말한다. 심지어 그것이 의무라고 말한다."* 자기 자신을 즐길 의무라고 했나? 여기 몇 가지 보다 위험해 보이는 문제들이 있다. 발렌티에 따르면 자위는 "심지어 네온처럼 반짝거리거나 토끼 모양을 한 재밌는 바이브레이터를 구매해야 할 동기를 준다."** 그렇다면 자위는 쇼핑의 전제조건인 것인가? 이제 페미니즘은 그저 누군가의 구매력을 의미하게 됐다.

우리는 아마 어처구니없는 포르노/대중문화로부터 탈출할 수 없을지 모른다. 그러나 우리는 보다 현실에 바탕을 둔 우리 자신을 위한 섹슈얼리티를 창조하기 위해 포르노/대중문화를 이용할 수 있다.***

이건 괜찮은 생각이다. 하지만 이 시도가 성공할 가능성은 바비인형이 턱수염을 기를 확률과 비슷할 것이다.

---

*   같은 책, p. 34.

**   같은 책, p. 39.

***   같은 책, p. 43.

하지만 힙하고 젊은 페미니스트는 무언가에 탐닉해야 만 한다. 벌거벗는 것이 위생에 좋다는 괴상한 사고방식과 비슷하게(휴 해프너Hugh Hefner[27]가 "플레이보이걸에게는 레이스 도 없고 속옷도 없다. 그녀는 물과 비누로 깨끗이 씻긴 채 알몸으로 있다. 그녀는 행복하다"라고 말했던 걸 생각해 보라) 분홍색이 자 유와 성적인 개방성을 동시에 상징하는 색깔이 된 것처럼, 초콜릿은 이제 그것에 탐닉하는 여성들이 약간은 '음탕하 다'는 것을 암시하게 되었다.

예컨대 우주여행 프로그램을 지원하고 있는 이란인 여 성 경영자 아누셰 안사리Anousheh Ansari[28] 를 생각해 보라.

안사리는 ABC 뉴스와의 인터뷰에서, 국제우주정거장에 한 가지 음식—초콜릿—만 있다면 다른 건 어떤 메뉴가 있던지 상관하지 않는다고 말했다.**

당신은 우주여행을 위해 2천만 불을 지불했다. 그런데 당신이 생각하는 게 겨우 **초콜릿**이라고? 인류의 기술적 역 량과 수학적 역량은 지구 바깥의 탐사가 보여주는 추상적

*   Ariel Levy, *Female Chauvinist Pigs*, p. 58에서 인용.

**   http://abcnews.go.com/Technology/Story?id=2467150&page=2

이고 무의미한 아름다움 아래 그 한계점에 도달했다. 그런데 텔레비전 앞에 나서길 좋아하는 괴짜는 도대체 뭘 하려고 했던 걸까?

초콜릿은 허용될 수 있을 만한 일상적인 사치의 모습을 표상한다. 초콜릿이라는 일상적 사치는 오늘날의 여성화된 자본주의가 거품 목욕이나 부드러운 코코아덩이 따위로 보상해 주고자 하는 활발한 수동성의 모습을 너무도 깔끔하게 요약해 준다. 사실 초콜릿은 조금은 입에 들러붙는 편이긴 하지만 말이다. 페이 웰던Fay Weldon[29]은 자신의 주체적 역량은 물론이고 인류의 성취의 역사 전체를 완전하게 부정하면서, 다음과 같이 주장한다.

여자들을 행복하게 만드는 것은 무엇인가? 여자들에게 물어보면 그들은 대체로 다음과 같은 순서로 대답할 거다. 섹스, 음식, 친구, 가족, 쇼핑, 초콜릿.

누군가가 여성들에게 원하는 게 뭔지를 물어본다면, 여성들은 언제든지 '초콜릿'이라고 대답해야 할 것이다. 그리고 이는 다음과 같은 것들 중에서 일부 혹은 전부를 상징한다: 존재론적인 소녀 취향, 오로지 널리 이용 가능한 천박

하고 넌덜머리 나는 대체재로부터만 기쁨을 얻는 음탕한
처녀성, 경제적 데카당스.

한때 흥미로운 여성 캐릭터들을 등장시키던 별난 인
간 혐오적 작가였던 페이 웰던의 기묘하고도 우울한 세계
는, 발렌티와 그 친구들의 젊은 페미니즘과 동전의 양면을
이루면서 보조를 맞춘다. 웰던은 이제 행복한 삶을 위해서
여성은 오르가즘을 연기하고 다음과 같은 규칙을 따라야
한다고 시사할 뿐이다.

[……] 조용히 앉아서 웃으라. 당신이 좋아하는 남자와 같이
있을 때 그가 당신 때문에 힘들어 하는 일이 없도록 하라. 당신
은 권리를 주장하거나 다투거나 요구해서는 안 되며, 남자를
흠잡아서도 안 되며, 남자에게 약간이라도 감정적, 지성적, 신
체적 불편함을 줘서는 안 된다.[*]

사실 '남자들'과 다른 여자들이 진짜로 원하는 것은 보
다 수동적이고, 조용하고, 우둔하며, 허위적으로 유쾌한 소
녀들이다. 웰던이 남성과 여성 중에서 실제로 어느 쪽을 더
모욕하고 있는가는 판단하기 힘들다. 그녀가 그리는 남자

---

[*]   Fay Weldon, "Why Women Should Fake Orgasms", *Daily Mail*, 07/09/06.

들이란 여자들의 가짜 포르노 연기도 알아채지 못할 정도로 멍청한 존재다. 남자들은 나머지 시간을 "오로지 쾌락과 성취"에 대해서만 고민하면서 보낼 것이다. 반면 여성들은 초콜릿과 신발로부터 절대 실현되지 않을 측은한 행복의 조각을 모아 보려는, 성장이 지체되고 신체적 능력이 제한되어 있는 피조물들이다. 그러나 우리는 어디서 이러한 관념들을 얻게 되었는가? 아마 이 관념들은 영화 및 텔레비전과 관련이 있을 것이다.

2.2
소비문화: 영화 속의 소녀들

현대의 시각 문화는 여성에 대해서 무엇을 말해 주는가? 여기 벡델 테스트라고 불리는 편리한 사유 실험이 있다. 벡델 테스트는 앨리슨 벡델Alison Bechdel[30]의 연재 만화인『경계해야 할 레즈비언들Dykes to Watch Out For』에서 처음으로 등장했다. 이 테스트는 영화뿐만 아니라 문학작품에도 쉽게 적용될 수 있는 다음과 같은 규칙들로 이루어져 있다.

1. 두 명 이상의 여성이 등장할 것.
2. [어느 시점엔가는] 두 여성이 서로 대화를 나눌 것.
3. 대화의 주제는 남자가 아닌 다른 문제일 것.

작가 찰스 스트로스Charles Stross[31]는 여기에 다음과 같이 덧붙였다.

3번 조건을 약간만 확장해 "대화의 주제는 남자, 결혼, 아기가 아닌 다른 문제일 것"이라고 규정한다면, 이 테스트를 통과한 그나마 몇 안 되는 대중 오락 영화들 중에서도 절반가량이 탈락하게 될 것이다.*

이 테스트에 대해서 알게 된 이상, 이 규칙들을 무심결에라도 어딘가에 적용해 보지 않는 것은 불가능하다. 스트로스가 옳다―엄청난 양의 문화적 산출물들이 (어쩌면 그가 시사한 것보다 더 많이) 테스트에 탈락하게 될 것이다. 이 테스트를 출발점으로 삼아 몇 가지 질문을 던져볼 수 있다.

1. 여성들이 남자/결혼/아기에 대한 관심을 매개로 하지 않고 서로 이야기를 나눈다는 것이 무엇 때문에 그렇게 두려운 것인가?

2. 영화/문학작품이 반드시 여성을 대표하는 장면을 포함해야 할 의무가 있는가? 가령 해당 작품이 추구하는 주제와 상관이 없더라도 반드시 여성을 대표하는 장면은 포함되어야 하는가? 왜 반드시 영화/문학작품이 '현실적이어야만' 하는가? 오

---

*   http://www.antipope.org/charlie/blog-static/2008/07/bechdels_law.html

히려 그것들은 자신들이 원하는 건 무엇이든지 될 수 있는 게 아닌가?

3. 과연 현실 **자체**는 벡델 테스트를 통과할 수 있는가? 과연 얼마만큼의 시간이 벡델 테스트를 통과할 수 있을까? 과연 이 문제로 영화/문학작품을 '비난할' 수 있는가?

베라 히틸로바Vera Chytilová[32] 의 〈데이지Daisies〉는 벡델 테스트를 모두 통과한 몇 안 되는 영화들 중 하나다. 이 작품이 매력적인 만큼이나 불편한 영화라는 점은 분명하다. 이 1966년의 체코 영화는 별 다른 규칙이나 이유 없이 점점 더 초현실적인 방식으로 모든 것을 망치는 데 삶을 바치는 두 명의 여자들을 등장시킨다. 이 무책임한 여자들은 남자들 없이 자기들끼리 노는 것이 더 즐거운 일이란 걸 알게 됐다. 이들은 때때로 남자들과 놀기도 하지만 오로지 서로에게 돌아가기 위해서, 오로지 더 망가지기 위해서만 그렇게 한다(물론 그들이 추구하는 망가짐은 방종보다는 영락에 가깝다). 과연 이 무책임한 젊은 여자들은 누구인가? 이 영화의 형식적 독창성은 '리얼리즘'을 표방한다는 스스로의 주장을 약화시킨다. 하지만 그래서 이 영화는 더 멋진 것 같다. 세상에 나와 있는 '성년이 된' 남자들에 관한 수많은 이야기들을 생각해 본다면. 성년이 된 여성에 대한 영화는 드물다. 이런 드문 작품은 가능한 한 기괴해야 할 것이다. 전체적으로 봤을 때 오늘날의 주류 영화는 이전의 작품들에 비해 오히려 시대를 역행하는 것처럼 보인다. 마치 실험적인 소재를 위한 공간이 영원히 차단되어 버린 것처럼 말이다. 그러나 과거를 너무 노스탤지어적으로 미화하지는 말자.

영화에서 말을 하는 여성이 없다는 사실에는 뭔가 이상한 점이 있다. 사실 여성은 언제나 말을 많이 하는 존재로 생각되지 않았는가? 물론 여성들이 대화의 주제로 삼는 것들은 절대 **중요한** 사안은 아닐 것이다. 그리고 이것이 아마도 여성들이 남자들에 대해서 이야기할 때만 카메라가 그들을 비추는 이유일 것이다. 칸트는 『인간학』(1798)에서 여성들의 '수다스러움'이 꽤 성가셨던지, 특히나 그들의 수다스러움이 엇나가는 지점에 초점을 맞춰 이를 몇 차례 언급한다.

정신박약Unsinnigkeit이란 경험이 가능하기 위해 필수적이라고 할 일관성 안으로 자신의 표상들을 가지고 오지 못하는 무능력을 말한다. 정신병원의 여자들은 지나치게 수다스러운 탓에 이러한 정신박약이라는 질병에 취약하다. 여자들의 활기찬 상상력은 너무 많은 것들을 연결하려고 하기 때문에,

누구도 그들이 무슨 말을 하고자 하는 건지 파악할 수가 없다.[*]

지나친 수다스러움은 경험의 가능성마저 방해한다─너를 위한 공간/시간은 없어, 아가씨, 저기 구석에 앉아서 너 자신한테나 중얼거리렴! 문제는 여자가 남자들에 대해서만 생각한다는 것이 아니다. 오히려 문제는 여자들이 미친 것처럼 모든 시간에 모든 것들에 대해서 생각한다는 것이다. 도대체 영화가 **그러한 여성들**을 어떻게 다룰 수 있단 말인가?

'오직 여성에 관한' 영화처럼 보이는 〈섹스 앤 더 시티〉 같은 작품들은, '일자the one'에 대한 포스트-종교적인 집착과 초-매개 간의 이상한 조합에 보내는 찬가라고 할 수 있다. 당신은 '브랜드와 사랑'을 찾아 '도시'로 간다. 타자를 매개하는 일자를 찾아서 말이다─남자 친구가 당신을 위해 할 수 있는 가장 멋진 일은 당신이 가진 '브랜드들'을 위해 거대한 드레스룸을 만들어 주는 것이다. 여자들의 술자리에선 그 남자가 진짜 짝[일자the one]인지 아닌지에 대

---

[*]   Immanuel Kant, *Anthropology from a Pragmatic Point of View*, Cambridge University Press(Cambridge: 2006), p. 109.[한국어 번역본은 『실용적 관점에서 본 인간학』(백종현 옮김, 아카넷, 2014)─옮긴이]

한 논쟁이 주로 오간다. 이러한 '일자'에 대한 집착은 무엇을 의미하는가? 맑스와 엥겔스가 관찰한 것처럼 부르주아지는 이기적 계산의 차디 찬 얼음물 속에다 종교적 열광이 주는 천상의 황홀경과 기사도적인 열정, 속물적인 감상주의를 익사시켜 버렸다. 그러나 어떤 종교적 모티프들은 다른 것들보다 떨쳐내기 힘들다. 모든 운명적 연애의 초월적인 정점으로서 '일자'는 감상적인 것("우리는 언제나 함께 할 운명이었어!")과 냉소적인 것["만약 '진짜 짝(일자)'이 있다면, '가짜 짝(비非일자)'은 중요하지 않아. 그들과의 섹스는 아무 일도 아니니까, 그들에게 약간이라도 기분 좋게 대해 줄 필요는 없어"]의 기묘한 혼합물을 보여준다. 예컨대 결혼은 많은 이들에게 단순한 계약 이상의 것이다. 그러나 감상벽과 실용주의의 이 낯선 조합은―이것은 이데올로기의 정의 그 자체에 가까운 이데올로기다―문화, 그리고 대화 속에서 자연스럽게 스스로를 재생산하는 것처럼 보인다.

　모든 노력이 '일자'의 기획 안으로 다시 전체화된다면, 만약 '친구들'과의 모든 대화가 낭만적 목적의 종말론적 충족을 매개하는 디딤돌에 불과하다면, 거기엔 해방이란 없을 것이다. 현대의 영화는 이러한 점에서 심원하게 보수적이다. 오늘날의 영화가 현행의 [인간] 행태의 양식들을 반영하고 또 결정하기도 한다는 사실은 우울할 정도로 효과적이고, 효과적일 정도로 우울하다.

여자들이 무엇에 대해서 이야기하는지 궁금해 하는 일보다 더 나쁜 단 한 가지가 있다면, 여자들이 대화를 나누는 것을 실제로 보는 일이다. 이는 적어도 〈섹스 앤 더 시티〉에 관한 한 참이다. 영화가 여자들을 오로지 남자(혹은 결혼이나 아기)에 대해서만 이야기를 나누는 존재처럼 보여주는 경향이 있다면, 이 대화 장면의 가장 중요한 미덕은 **간결함**이다. 주류 영화의 논리는 영화 전체가 여자들의 대화만을 비춘다면 엄청나게 지루할 것이라고 말하며, 여자들 간의 대화 장면이 몇 분 이상 지속되는 걸 참지 못한다. 심지어 여자들이 '오해의 여지없이 좋은 말을 주고받을' 때조차 말이다. 이러한 사실은 남자들이 〈섹스 앤 더 시티〉를 한 시간 정도만 봐도 소외감이나 당혹감을 느낀다는 흔한 관찰 결과에서도 드러난다. 두 친구가 사랑의 비통함에 대해 이야기를 나누는 순간을 매력적으로 짧게 다루는 건 괜찮다. 그러나 펠라티오에 대한 토론이 길게 이어지는 건 괜찮지 않다.

주류 영화는 한 명의 곁도는 여성을 통해 남자들 간의 관계를 중재[매개]하는데, 이 곁도는 여성 스스로는 누구를 통해서든지 간에 아무것도 중재하지 않는다. 하지만 '현실 세계'에서는 여자들이 남자들에 대한 토론을 통해 서로의 관계를 중재하지 않는가? 우리는 메이크업과 패션에 대해서도 비슷한 질문을 해볼 수 있을 것이다. 여자들은 남자들을 위해 단장하는 것인가, 아니면 다른 숙녀들에게 경고 메시지를 보내는 것인가? 이성애자 여자들이 남자를 얻기 위해 지속적으로 '경쟁한다'는 발상은 명백하게 끔찍한 것이다. 그러나 소비주의가 의존하는 희소성의 미친 논리에 따르면, 여성들은 언제나 서로 경쟁해야만 할 것이다. 그가 바로 진짜 내 짝[일자]이다! 그 핸드백이야말로 진짜 내 것[일자]이다. 내 가방/남자에서 손 떼라!

노동 세계와 현대 문화의 소비주의, 그리고 그것을 정당화하는 페미니즘 사이에는 둘을 가장 잘 종합하는 산업이 존재한다. 우리는 이제 이 산업의 문제로 눈을 돌릴 것이다. 내면성의 죽음과 섹스의 중심성을 상징적으로 잘 보여주는 모든 산업들 중에서, 가장 돋보이는 것은 포르노그래피다. **혹은 적어도 포르노그래피는 이러한 산업에 가장 먼저 도달했다.** 현대적 삶의 '포르노화'는 종종 주목된 바 있다. 그러나 이 논의는 너무 빈번히 도덕적 측면에 초점을 맞춰 진행되었다. 포르노그래피를 특수한 종류의 노동으로, 아

예 오늘날의 패러다임을 이루는 노동 양식으로 생각해 본
다면 훨씬 더 흥미롭고 적실하리라 생각된다.

3.0
특권화된 노동 양식으로서의 포르노그래피

역사적으로 포르노그래피는 정치적 노선과 함께 페미니즘을 분열시켜 왔다. 안드레아 드워킨Andrea Dworkin[33] 은 포르노그래피에 반대하는 우익들과 연대했던 것으로 잘 알려져 있다. 우익들은 다른 어떤 주제에 대해서도 드워킨과 입장을 같이하지 않았지만, 적어도 그녀와 마찬가지로 포르노그래피를 증오한다는 공통점이 있었다. 보다 최근의 페미니즘은 포르노그래피를 너그럽게 여기는 경향이 있다. 근래의 페미니즘은 특히 '해방적인' 형태라고 생각되는 포르노그래피에 대해서, 예컨대 바이브레이터와 폴 댄스, '스스로를 섹시하게 느끼기' 등의 주제를 다루는 포르노그래피에 대해서는 관대한 태도를 보인다. 포르노그래피에 반대하거나 찬성하거나, 두 입장은 모두 포르노그래피라는 쟁점을 도덕적 측면에서 틀 짓고 있다―포르노그래피는 모멸적이므로 나쁘다고 말하거나, **혹은** 포르노그래피는 즐길 만하므로 도덕적으로 좋다고 말하거나. 그러나 우리가 인정해야만 할 첫 번째 사실은 포르노그래피가 경제적이고 사회적인 중요성을 가진 거대 산업이라는 점이다. 포르노그래피는 자생적인 문화를 가진 산업이다. 이 산업은 '레트로retro' 영상을 만들어서 돈을 벌 수 있는 게 아니라면, 자신의 과거를 기억하는 것도 어려워한다. 포르노그래피적 생산양식이 스스로를 궁지로 몰려고 하고 스스로의 혈통을 부정하고자 하는 데서 알 수 있듯이, 포르노그래피는 자주 자기 자신과 스스로의 과거에 대해서 역겨움을 느끼는 것처럼 보인다. 포르노의 다양한 매체들(문학, 사진, 영화)과 (웹 2.0의 도래와 함께 극적으로 증대된) 포르노의 유통 채널들은 과거를 돌아보기를 거부한다. 이어지는 절의 논의는 과거 영화의 사례들을 현대의 포르노그래피와 병치한다. 이를 통해 포르노그래피가 꽤 급진적으로 변모해 왔다는 점을 지적하고, 한 발 더 나아가서 미래는 현재처럼 암담할 필요가 없다는 점을 이야기하려 한다. 초기 포르노 영화사의 일부를 살펴봄으로써 포르노그래피의 현대적 형태들의 기원을 추적하려는 시도는, 포르노그래피를 시청자에게 미치는 즉각적인 효과라는 측면에서뿐만 아니라(마치 그런 효과가 쉽게 식별될 수 있는 양), 시간의 흐름에 따라 변화하는 감각들의 구성 방식이라는 측면에서도 분석할 수 있음을 보여준다. 포르노 영화의 기원을 살펴봄으로써, 우리가 오늘날의 포르노라는 장르를 이해하는 방식에 대해 많은 것을 배울 수 있을 것이다. 더 정확하게 말하면 우리는 수많은 '선택'에도 불구하고 우리가 놓치고 있는 것이 무엇인지를 깨달을 수 있을 것이다.

2차 세계대전 이후의 시기에 이르러 포르노 영화의 급격한 변화가 이뤄졌다는 점은 분명해 보인다. 우리는 이 시기 동안 나타나는―1950년대와 1960년대 소비주의의 급격한 부상을 직접적으로 반영하는―섹슈얼리티와 포르노 영화의 오브제가 관계 맺는 달라진 방식을 통해 이 변화를 확인할 수 있다. 말하자면 섹스토이가 소품으로 사용되는 현상을 통해서 말이다. 이와 동시에 나타나는 현상은 1950년대 미국의 '스태그stag' 영화의 사례로부터 확인할 수 있다. 스태그 영화에서 시청자는 그저 사적인 장면을 엿보는 자의 처지에서 벗어나 영화의 참여자로 명시적으로 호명된다. 존 버거John Berger[34]는『다른 방식으로 보기The Ways of Seeing』에서 "르네상스 이후의 유럽에서 거의 모든 성애의 이미지는―문자 그대로의 의미에서건 비유적인 의미에서건―정면을 향하고 있다. 왜냐하면 성적 행위의 주인공은 그 이미지를 바라보는 구경꾼인 동시에 그 이미지의 소유주이기 때문이다"라고 주장한 바 있다.* 포르노 영화에서의 변화는 마치 버거의 주장을 영화적으로 요약해 주는 것처럼 보인다—이번에는 훨씬 빠른 속도로 변화가 진행된다는 점이 다를 뿐이다. 과거에는 수세기에 걸쳐 이뤄졌던 변화가 이번에는 몇십 년 안에 이루어졌다. 포르노 영화의 시청자를 향한 전환이 카메라 앞에 선 성행위 참여자들의 숫자 감소와 함께 나타난다는 사실은 놀랄 일이 아니다. 1950년 이전의 포르노그래피 영화들에서는 많은 인물들이 다양한 조합들(지금이라면 게이 포르노/이성애 포르노/진짜 레즈비언 포르노/남성들을 위한 레즈비언 포르노 등등으로 세분되었을 다양한 조합들)을 보여주며 한 무대에 등장하는 경향이 있었다.

하지만 포르노그래피의 발전 과정(양적인 하락은 아니더라도 질적인 하락의 과정)을 지나치게 누적적인 역사로 요약하는 것에는 신중할 필요가 있다. 우리가 개방적인 모델에서 (비록 다양하긴 할지라도) 폐쇄적인 모델로 이행했다는 것은 사실이 아니다. 차라리 포르노그래피의 역사는 통시적으로 이해되어야만 할 것이다—성행위를 세밀하게 분리해 보여주고 있는(펠라티오를 위한 방, 남자끼리 하는 방, 여자들끼리

John Berger, *Ways of Seeing* (London: Penguin, 1990), p. 56.

하는 방, 남자들과 여자들이 함께 하는 방 등을 보여주는) 폼페이의 벽화는, 초기 포르노 영화들의 디오니소스적인 난교보다는 페티시와 킹크kink 등을 세분하는 오늘날의 포르노그래피와 더 공통점이 많다.

　　오늘날의 포르노는 섹스를 다른 인간관계나 사회적 관계의 바깥에서 다뤄야만 할 뭔가로 활용한다. 심지어 '오피스에서의 섹스'나 '교사와의 섹스', '경찰과의 섹스' 등의 장면을 그려낼 때조차도 그러하다. 다른 역사적 시점으로부터 이러한 오늘날의 포르노를 바라본다면, 오늘날의 포르노는 전혀 포르노그래피답지 않게 여겨질 것이다. 예컨대 프랑스 혁명기에 포르노그래피는 군주제와 기성 질서를 공격하기 위한 방법으로 여겨졌다. 이와 유사하게 18세기의 소설에서 매춘부는 유기적인 유물론 철학자인 동시에 관습적 사회의 위선에 대한 폭로자로 자주 묘사됐다─왜냐하면 그녀는 정치적으로나 과학적으로나 세상이 '진짜로 어떻게 돌아가는지' 진실을 알고 있기 때문이다. 포르노그래피를 표현의 자유를 바탕으로 옹호하는 사람들이나, 드워킨이나 맥키넌처럼 포르노에 대해 강력하게 반대하는 사람들이나, 모두 포르노가 그저 저질적이고 일방적인 욕망의 재현이라는 견해를 채택하고 있다. 따라서 그들은 포르노가 마치 역사적인 변화를 전혀 겪지 않은 것처럼, 언제나 포르노가 똑같은 종류의 내용을 가지고 있는 것처럼 포르노를 상대한다. 반反포르노그래피 운동의 비역사주의는 남성이 언제나 여성을 향한 폭력적인 욕망을 내면에서 키우고 있으며, 포르노는 단지 이를 반영할 뿐이라는 발상을 운동의 전제로 채택한다. 드워킨은 이렇게 말한다. "포르노그래피가 섹스에 가하는 모욕은 하나같이 적극적으로 여성을 종속시킴으로써 완수된다. 즉 포르노그래피는 여성에게 굴욕을 주는 과정, 궁극적으로는 여성을 비인간화시키는 과정이 **섹스라고 여기게끔 만드는** 성애의 동학을 창조함으로써 섹스에 대한 모욕을 완수한다."* 포르노를 표현의 자유의 쟁점으로 만들어 옹호하는 견해도, 반-포르노 운동과 마찬가지로 시대에 따라 다른 양상을 띠는 포르노의 역사적 종별성을 흐릿하게 만든다. 언제나 포르노그래피는 어떤 역사적 시점에 존재했을 텐데도, 포르노그래피에 대한 비역사적 접근은 그것의 형식과 내용을 둘러싼 사회적이고 경제적인 조건들을 고려하려고 하지 않는다.

의심할 여지없이 드워킨이 염두에 두었던 포르노는

---

* Andrea Dworkin, "Against the Male Flood: Censorship, Pornography and Equality", *Feminism and Pornography*, ed. Drucilla Cornell(Oxford: Oxford University Press, 2000), p. 25.

극단적으로 끔찍하고 폭력적이던 1970년대의 포르노였을 것이다. 또한 의심할 여지없이 포르노 산업의 여성 착취는 미국 자본주의에 의해 점점 더 신자유주의화되어 가는 정의롭지 않은 사회의 다른 모든 양상들만큼이나 야만적이다. 그러나 정확히 이것이 요점이다. 폭력, 그리고 어떤 유형의 포르노그래피에 특징적으로 나타나는 폭력은, 그러한 폭력을 생산하는 사회에 대한 철저한 분석으로부터 완전히 제외될 수 없다. 맥키넌의 작업을 언급하며 웬디 브라운 Wendy Brown[35]이 말하고 있듯이,

맥키넌은 포르노그래피로부터 젠더를 읽어내려고 했으며, 이성애자 남성의 포르노그래피를 거울처럼 그대로 반영해서 젠더의 사회이론을 구축하고자 했다. 그녀의 이러한 시도는 단지 광범위하고 전체적이고 단독적으로 [포르노그래피에 의해서만] 젠더화된 주체를 소환하는 데서 그치지 않는다. 그녀의 사회이론은 포르노그래피의 시대가 젠더의 생산과정을 과장하고 있는 것이 아니라 그것의 진리를 보여주고 있는 것이라고 부호화해 버린다.*

---

*   Wendy Brown, "The Mirror of Pornography", *Feminism and Pornography*, p. 208.

우리가 맥키넌의 시도에 대한 대안으로 포르노그래피에 대한 역사적 접근을 채택한다면, 혹은 포르노그래피에 대한 이른바 변증법적 접근을 채택한다면, 우리는 다른 형태의 기록보관소에서 다른 유형의 빈티지 포르노들을, '좋은 포르노'와 '나쁜 포르노'의 대립을 벗어날 수 있을 만한 대안으로 고려해 보고 싶어질 것이다. 이러한 의미에서 포르노그래피에 대한 이 책의 주장은 궁극적으로 적극적인 것이다. 이 책의 주장은 안젤라 카터Angela Carter[36] 의 다음과 같은 논점을 계승한다.

포르노그래피의 창작자들이 여자들의 적이라면, 그것은 현대 포르노그래피의 이데올로기가 변화의 가능성을 포함하고 있지 않기 때문이다. 현대 포르노그래피의 이데올로기는 마치 우리가 역사를 만들어 나가는 자들이 아니라 역사의 노예인 것처럼, 마치 성적 관계가 사회적 관계의 표현일 필요가 없는 것처럼, 마치 섹스가 인간의 실천을 창출해 내지만 그 일부를 이루지는 않는, 불변하는 날씨 같은 외적 사실인 것처럼 가정함으로써 변화의 가능성을 부정한다.*

---

*   Angela Carter, "Pornography in the Service of Women", *Feminism and Pornography*, p. 342.

카터는 포르노그래피가 잠재적으로 인간적 실천의 완전한 일부를 이룰 수 있다고 시사한다. 이러한 카터의 제안을 뒷받침할 만한 자원이 있는지 살펴보기 위해 현대의 포르노를 과거의 포르노의 형태들과 비교해 보는 작업은 유용하고도 흥미로울 것이다.

3.1
머니샷: 포르노그래피와 자본주의

오늘날의 포르노가 보여주는 순전하게 **고된 노동**은 섹스도 여타의 활동과 다르지 않다는 점을 아무런 망상을 가질 여지도 없이 우리에게 보여준다―섹스 역시 끝이 없고 무자비하며 (지루함을 **배가시키긴** 하지만 역시) 지루하다. 포르노의 의무를 따라 움직이는 고무를 입힌 피스톤 운동의 영적인 칼뱅주의, 웃음을 잃게 만드는 신체적 고역이 주는 암울한 오르가즘. 하지만 노동으로서의 섹스는 포르노-자본주의의 발명과 짝을 이루는 것이다. 거의 대부분의 포르노는 결국 **머니샷**money shot 장면으로 끝을 맺는다. 머니샷의 궤적은 영화화된 포르노그래피('그래피'라는 말이 가리키는 원래 매체를 생각해 봤을 때―원래 포르노 '그래피'는 교회와 교회의 부르주아적 위선을 붕괴시키려는 사회유물론의 이름으로 작성된 '매춘부들의 글/매춘부에 대한 글'을 의미한다―영화화된 포르노그래

피는 형용모순이다)의 역사일 뿐만 아니라, 자본 자체의 전적
으로 폭발적인 무의미성의 역사다. 수정테이프를 덕지덕
지 붙이는 것처럼, 타자를 눈멀게 만들고 침묵시키는 자위
행위를 반복함으로써 자신을 격하시키는 자본의 역사 말
이다.

오늘날의 포르노를 대략 1910년대와 1950년대 사이
에 등장한 흑백 무성 단편 포르노 영화들과 대비시켜 보자.
당대 프랑스의 발달된 영화 제작 기술 및 영국과 독일에 비
해 상대적으로 느슨한 검열 제도 덕분에, 이 시기 영화들은
압도적으로 프랑스산이 많았다. 일반적으로 이 영화들은
사적인 공간에서 상연되거나, 성매매 업소의 대기실에서
상연됐다. 고객들을 미리 흥분시켜서 매춘부들이 업무를
좀 더 빨리 진행할 수 있게끔 말이다. 프랑스 영화감독 미셸
레이야크Michel Reilhac가 '좋았던 음란한 시절The Good Old
Naughty Days'이라는 표제 아래 내놓은, 1905년과 1930년
사이에 주로 프랑스에서 제작된 무성 포르노 영화들을 모
은 작품은 몇 가지 이유들 때문에 놀랍게 다가온다.

이 컬렉션에서 가장 먼저 주목할 만한 점은 이 영화들
이 보여주는 완벽한 수준의 우스꽝스러움이다. 이 영화들

에 등장하는 섹스는 그저 암울한 오르가즘의 연속이나 신체적 능력의 과시가 아니다. 오히려 섹스는 슬랩스틱이나 보드빌 쇼에 가까운 무엇이다. 가령 남자들은 호기심 많은 여성들을 자극하기 위해 목신 판pan의 조각상 행세를 한다. 두 명의 여자 재봉사들은 상사가 지나치게 흥분해서 침대에서 떨어지자 발작적으로 키득거린다. 음탕한 여종업원은 장총 사수 복장을 한 남자에게 성적인 힌트가 담긴 음식들을 계속해서 가져다 주다가, 결국 그의 '디저트'로 저녁을 함께하게 된다. 물론 이러한 연극적 역할 놀이는 수녀나 여교사, 그리고 관음증의 모티프 등과 같은 오늘날의 포르노그래피의 수많은 클리셰들을 예고하는 것이다. 그러나 이 초기 단편 영화들의 아름다움은 디테일에, 즉 참여자들의 웃음소리와 수없이 다양한 육체의 향연에 자리하고 있다. 관습을 벗어난 매력적인 것들이 진정하게 예쁜 것들과 뒤섞인다. 커다란 엉덩이들이 기쁨에 겨워하는 작은 남자들을 찍어 누른다. 포르노그래피 영화 제작의 규칙들이 아직 정식으로 갖춰지지 않았다는 사실과 영화 촬영 장비들이 아직 발달되지 않았다는 사실은, 종종 영화 촬영이 어떤 종류의 클라이맥스에도 이르기 전에 중단된다는 것을 의미했다. 그렇지만 이는 이 영화들에게 아마추어적이고 비구조화되고 아나키적인 매혹을 더해 줄 뿐이었다.

이 초기의 포르노그래피에 나타나는 섹스에 대한 태도는, 〈빨아먹어라 *Suck It Dry 3*〉나 그 동류 영화들의 과장된 액션보다는 사무엘 베케트Samuel Beckett[37] 의 신랄한 유머에 가깝다. 『말론, 죽다*Malone Dies*』의 내레이터가 말하듯이,

> 둘은 성적으로 완전히 무능력했지만, 피부의 모든 자원들과 점액, 상상력을 지원군으로 불러냄으로써, 건조하고 빈약한 접촉으로부터 침울한 만족의 일종을 이끌어내는 데 성공했다.[*]

허나 이상하고 추잡한 키스나 허벅다리의 시시한 전시 따위가, 빈티지 포르노가 보여주는 것의 전부일 거라고 짐작해서는 안 된다. 사실 레이야크의 컬렉션에서 일부 장면들은 R18 등급(통상적으로 18세 이상 관람가 등급을 받는 영화들보다 더 노골적이라고 생각되는 영화들이 받는 등급)을 받았을 정도로 노골적이었다.

그러나 화면에 보이는 어떠한 구체적인 행위보다 현대의 관객들에게 충격적으로 다가오는 지점은, 영화 속 참여자들이 정말로 즐기고 있는 것처럼 보인다는 사실과, 영화 속 참여자들이 실제로 서로와의 잠자리에 열중하고 있

---

[*]   Samuel Beckett, *Malone Dies* (Grove Press, 1991), p. 261 .

는 것처럼 보인다는 사실이다. 고함과 비명으로 가득한 오늘날의 포르노에서는 여배우의 미소나 웃음을 보기가 힘들다. 반면 빈티지 포르노그래피는 달콤한 표현들과 애정을 나누는 순간들로 넘쳐난다. 배우들의 다양한 도착 행위들은 섹스가 재기발랄할 수 있을 뿐만 아니라, 전혀 경쟁이어야 할 필요가 없다는 점을 상기시켜 준다—20세기 초반의 많은 단편 영화들은 발기에 문제를 겪는 남자들의 무능력과, 그러한 상황을 고쳐 보려는 놀라울 정도로 이해심 많은 연인의 점점 더 익살맞아지는 노력을 다루는 경우가 많았다. 그러나 남녀 간의 인공적이고 파괴적인 적대, 그리고 '퍼포먼스'와 만족도에 대한 불필요한 근심의 결합은, 초기 포르노 영화들의 인간주의적인 전망을 저버렸다.

소위 '빈티지 에로티카'에서 주목할 만한 점들로 적절한 타이밍의 편집에 대한 무관심이나 여성의 쾌락 추구에 대한 과도할 정도의 시간 할애 등등을 꼽을 수 있을 것이다. 그러나 그중에서도 가장 흥미로운 점들 중 하나는 '머니샷'의 존재다[물론 이 용어는 이제 너무 수줍어하는 것 같은 표현이 되었다—우리는 물론 **컴샷**(사정 장면)을 의미한 것이다]. 머니샷의 존재는 처음에는 놀라움으로 다가온다. 아무래도 머니샷은 보다 초현실적이고 지독할 정도로 노골적인 이미지를 추구하는 요즘 시대에 더 어울리는 것이다. 이 때문에 머니샷은 비교적 최근에 발명된 것으로 생각되어 왔다. 그러나 이미 포르노의 대타자the big porn Other를 위해 믿는 척 하는 것 make-believe과 진실성authenticity 사이의 긴장 논리가 코드 화되어 버린 것처럼, 1920년대 전반의 포르노 영화들에서 도 머니샷은 존재했다.

그러나 머니샷은 언제나 다양한 유형의 '머니'에 관한 것이었다. 주류 영화에서의 '머니샷'의 의미(문자 그대로 영 화에서 가장 돈을 많이 들인 장면)가 포르노로 이식된 것인지, 아니면 포르노에서의 머니샷의 의미가 주류 영화로 이식된 건지는 불분명하다. 요즘의 머니샷은 한 남자가 '사정을 하 기 위해' 용을 쓰는 것처럼, 액션 히어로가 테러리스트의 폭 발로부터 남자답게 탈출하는 장면을 보여줄 것이다. 그러 나 포르노에서 머니샷의 의미는 복잡하다. 머니샷이란 남 자 배우가 자신의 '생산품'을 완성하는 순간, 즉 기본적 형 태의 자본주의 안에서 노동자가 자기가 받는 봉급의 대가 로 상품을 만들어 내는 순간인가? 그러나 그렇다면 소외는 어디에서 발생하는가(우리는 포르노가 남성이 여성보다 통상적 으로 급여를 적게 받는 몇 안 되는 산업임을 염두에 두어야 한다)? 머니샷의 의미가 그런 게 아니라면, 머니샷은 관객들이 '지불한 돈의 가치를 확인하는' 순간인가? 자신들이 보고 있던 장면이 머니샷을 통해 결국 변경의 여지없이 '진짜'였음이 증명된다는 의미에서 말이다. "세상에, 자기야. 저 사람들 진짜로 했어!"

놀랍지 않게도 사람들은 주류 영화의 그저 암시만 된 '진짜' 섹스 장면에서조차 더 열심히 진실성을 찾으려 한다. 진실성을 향한 이러한 열정에는 이상한 면이 있다. 성행위 참여자들의 얼굴에 '쾌락'이 나타나는 걸 보고 듣는 것만으로 충분하다고 생각할 순 없는가? 물론 그것만으로는 충분하지 않다—다른 모든 여자들과 마찬가지로 포르노의 여배우들도 가짜로 쾌락을 느끼는 것처럼 속일 수 있기 때문이다. 그러나 물론 그녀의 쾌락을 측정할 수 있는 방법은 없다. 비록 빈티지 포르노가 여성의 향락을 위한 공간을 마련하기 위해 최선을 다하긴 하지만 말이다. 그러나 머니샷은 주류 영화에서 포르노로, 포르노에서 다시 텔레비전으로 다시 옮겨 간다. 텔레비전에서 머니샷이라는 용어는 이제 리얼리티쇼의 예고편에 들어갈 만한 낮은 수준의 클라이맥스 장면들을 묘사하기 위해 사용된다. 예컨대 도전자들이 탈락 이후에 울음을 터뜨리는 장면이나, 추락하거나 비명을 지르는 장면 따위들 말이다. 때로는 '머니'도 더 싸

구려가 될 수 있다.

포르노에서의 언어적 발명의 다양한 형태들과 보조를 맞추면서, 즉 언어를 따라잡으려는 이미지의 욕망과 보조를 맞추면서, 포르노를 세부적으로 분류하기 위해 사용되는 용어들은 점점 더 늘어나야만 했다. 예컨대 '얼굴'에서 한발 더 나아가 '눈에-사정', '귀에-사정', 입에-사정' 등의 분류가 생긴 것이다. 이와 달리 20세기 초반의 에로틱한 영화들에는 분류 방법 같은 것이 없었다. 오늘날의 포르노그래피에는 세상에 존재하는 추잡한 생각의 종류보다 더 많은 종류들이 존재한다. 그러나 오늘날의 포르노그래피는 한 가지 지점에서 언제나 실패한다―오늘날의 포르노는 우리를 더 이상 놀라게 하지 못한다. 당신은 트램펄린 위를 방방 뛰어다니면서 비스킷 빵을 면도하는 특기를 가진, 고양이를 닮은 여성에 관심을 가질 수 있다. 아마도 당신의 취향에 맞는 상품을 제공하는 웹사이트도 존재할지 모른다. 그러나 일단 비스킷 빵을 면도하는 캣우먼의 모습을 두어 차례 보고 나면, **당신은 비슷한 종류의 영상 전부를 본 것이나 마찬가지다.** 오늘날의 포르노그래피는 우리를 지겨워서 죽게 만들 수 있는 방법을 찾고 있으며, 쾌락을 포함한 모든 것이, 아니 특히나 쾌락이 그저 노동의 한 형태일 뿐이라는 걸 상기시켜 줄 수 있는 방법을 탐색 중이다. 오늘날의 포르노그래피의 분류학을 향한 과잉된 충동은 그저 그러한 탐색 과정의 한 요소를 이룰 뿐이다.*

1950년대 섹스토이들(바이브레이터뿐만 아니라 라디오, 전화기, 텔레비전)의 도입과 함께, 포르노는 급진적으로 비참하게 변해 버렸다. 여자들은 소비재로 가득 채워진 집에 혼자 앉아 있다가, 오로지 최고로 큰 바이브레이터를 사기 위해 잠시 외출할 뿐이다. 때때로 여자들은 책이나 (그보다는) 잡지를 획획 넘겨보기도 하지만, 이것들은 결코 그녀들을 장시간 동안 즐겁게 해 주지 못한다. 1920년대나 1930년대 포르노의 희극적인 역할 놀이나 1940년대의 열광적인 전쟁-아포칼립스 포르노와 달리, 1950년대의 유럽 포르노는 약간은 지루해 하는 것처럼 보이는 여자들이 서성거

---

* 포르노가 분류학적 충동을 행사하는 방식에는 이상하고도 섬뜩한 측면이 있다. 학생일 때 나는 어떤 남자와 함께 산 적이 있다. 그는 내가 자기 컴퓨터를 쓰는 것을 허락했다. 그는 인터넷에서 추려낸 엄청난 양의 포르노그래피 영화 컬렉션(대체로 산타클로스처럼 입은 채 벨벳 수갑을 찬 여자 같은 시시한 것들의 모음이었다)을 갖고 있었는데, 나를 놀라게 했던 것은 그가 이 포르노들의 목록을 만들기 위해 투자한 엄청난 양의 시간과 노력이었다(그는 예컨대 싱글 여성, 블론드, 브라, 하이힐 또는 두 명의 여성, 검은 머리, 금발머리, 채찍 등등의 제목 아래 자기가 모은 포르노들을 분류했다). 명백히 그가 포르노로부터 얻는 향락은 그것을 모으는 행위 자체와 밀접하게 관련이 있었다. 그가 포르노를 분류하는 데 들인 시간과 노력만큼을 대학교에서 듣는 수업에 투자했더라면 그는 꽤 공부를 잘하게 됐을지 모른다. 나중에 그는 경찰이 되었다.

리는 고다르Jean-Luc Godard의 영화(그의 영화에 등장하는 대부분의 여자들이 그렇지)와 강간 판타지를 교차시킨 것처럼 보인다. 최종적이고 정신병적인 비틀기의 와중에 있던 1950년대의 단편들 중 하나인 〈권태라는 악마〉라는 작품은, 방금 자신에게 바이브레이터를 팔았던 섹스숍의 주인을 집에 초대하는 무기력한 주부를 등장시킨다. 그녀는 집에 온 남자의 술에다 약물을 탄 후, 의자에 의식을 잃고 앉아 있는 남자를 자기가 쓰던 딜도와 함께 입으로 강간한다. 여기서 섹스토이는 기괴할 정도로 해방적인 동시에 충격적으로 소외적이다.

이제 50년을 건너뛰어서, 우리는 소외되지 않은 오늘날의 포르노그래피가 어떤 모습일지에 대해 질문을 던져볼 수 있을 것이다. 아마 성인물의 매력에 대한 가장 강력한 옹호자들도 오늘날의 무자비하도록 끔찍한 포르노 상품들로부터 연민이나 애착의 증거를 찾는 데 어려움을 겪을 것이다. 오늘날의 포르노그래피는 무엇보다도 섹스란 다른 것들과 마찬가지로 노동의 일종일 뿐이라는 것을 우리에게 알려준다. 가장 중요한 건 양이다-뭐든 많을수록 더 좋다. 10시간 동안 약 70명의 남자들과 251차례의 성행위를 수행했던 애나벨 청의 비디오가 역대 가장 성공적인 섹스 비디오들 중 하나였던 데는 그럴 만한 이유가 있다. 오늘날의 포르노그래피는 우리의 소망들 가운데 지배욕과 경쟁, 탐욕과 잔인성 같은 가장 최악의 것들만을 우리에게 되팔려고 한다는 점에서만 현실적이다.

전 세계에서 연간 수입으로 570억 달러가량을 벌어들이는 포르노그래피 산업은 그 자체만으로도 완전한 거대 세력이다. 포르노그래피 산업은 할리우드와 모든 메이저리그 스포츠를 다 합친 것보다 더 많은 돈을 번다. 삼십만 개의 인터넷 사이트가 포르노를 보급하고 있으며, 200여 개의 새로운 포르노 영화들이 매주 제작된다. 오늘날의 포르노그래피는 거의 모든 장르와 거의 모든 타입의 성적 취향을 충족시킨다. 물론 당신이 찾는 것이 감미로움이나 재기발랄함 같은 희귀한 것이 아닌 한에서 말이다.

어떤 수준에서는 우리는 다음과 질문을 던질지도 모른다. 그래서 어쨌단 말인가? 포르노그래피는 일정한 실천적 목적에 봉사하는 것이다. 왜 포르노그래피로부터 그 이상을 기대해야 하는가? 로맨스를 원한다면 통속적인 연애소설을 읽어라! 그게 아니라면 우리는 반포르노그래피 진영의 페미니스트들과 연대하여, 포르노라는 장르가 우리가 언젠가 없애버려야 할 폭력과 여성 혐오의 문제들과 구제 불가능할 정도로 깊이 연관되어 있다고 주장해 보는 것도 괜찮을 것이다. 우리는 한 발 더 나아가서 포르노그래피의 폐지를 주장할 수도 있을 것이다. 그러나 만약 포르노의 또 다른 역사가 있다면 어찌 하겠는가? 언제나 서로를 굴종으로 몰아붙이는 영적으로 보일 정도로 잘 면도된 육체들보다는, 언제나 잘 기름칠한 기계처럼 착착 돌아가지만은 않는 인간적인 육체들과 감미로움, 우스꽝스러움으로 채워진 또 다른 포르노의 역사 말이다. 초기 포르노 영화의 기원은 다른 방식으로 섹스를 재현할 수 있다는 가능성을 시사한다. 그것은 오늘날의 고무 입혀진 하드코어적 강박의 비인간성으로부터만이 아니라 '포르노그래피는 본질적으로 착취적'이라는 주장으로부터도 벗어날 수 있는 길을 제시한다. 그러나 우리가 '성적 관계와 사회적 관계 사이에는 긴밀한 연결고리가 있다'는 안젤라 카터의 주장을 받아들이지 않는 한, 포르노그래피 그 자체는 아무것도 우리에게 말해 주지 않는다.

3.2
사회주의 프로그램은
인간의 감각적 쾌락을
배제해서는 안 된다!

　재개장한 밀레니엄 돔 곳곳에 덕지덕지 찍혀 있는 "너무 많은 즐거움 같은 건 없다"는 구호에도 불구하고, 우리는 즐거움이 깊이 제한되어 있는 세계에 우리가 살고 있다는 사실을 슬프게 인정할 수밖에 없다. 내 말을 오해하지 말자. "즐겨라!"라는 명령은 도처에 깔려있다. 그러나 쾌락과 행복은 거의 전적으로 부재중이다. 우리는 우리가 원하는 만큼 많은 바이브레이터를 가질 수 있고, 신체가 견딜 수 있다면 취하고 싶은 만큼 술을 마실 수 있지만, 돈-소유-쾌락의 반향실 밖에 있는 모든 것들은 엄격하게 금지된다. 가령 코뮌! 공동체! 가족의 대안적 모델 따위들! 넌 뭐냐, **미친놈이냐**? 이것은 대학 도서관에서 사실상 관련 주제들에 대한 모든 책들이 치워져 버린 현 상황을 가리키는 몹시 기운 빠지는 지표라고 할 수 있다. 사람들은 삶에서 아빠-엄마-

나⋯⋯보다 더 많은 것들이 있다는 것을 생각할 수 없다⋯⋯ **그렇지 않은가?**

다르게 살아가기를 꿈꾸던 사람들에게 도대체 **무슨 일이 생겼던 건가?** 급진적 키부츠들, 공동 거주 집단들, 혁명 세포들에게 무슨 일이 생겼나? '퀴어'가 (성교를 위한) 침실을 가질 모든 이들의 권리를 상징하게 되고, 가족은 그 어느 때보다 구성원들의 내부 문제가 되어 버리고("우리가 드디어 대출금을 갚을 수 있게 됐어, 아이는 2010년쯤 가지는 게 어때?"), 게이들의 라이프스타일 잡지는 결혼과 입양을 위한 최선의 방법이 무엇인지에 대한 조언으로 채워질 때, 상황의 회복은 참으로 우리에게 달려 있는 일이 됐다. 오늘날의 대안적 삶이란 핵가족에 대한 어떤 실천적 비판에 착수했다는 걸 의미하기보다는, 지붕에다 태양광 패널을 설치했다는 사실을 가리킨다.

따라서 중세 신학의 존재론처럼 우리는 다자the many(일반화된 성적 쾌락)로부터 일자(대출을 나눠 갚기로 동의한 '삶의 동반자')로 이행한다. 그 둘 사이와 바깥에는 가능한 대안들을 가리키는 덧없는 불빛조차 존재하지 않는다. 학생들의 공유 주거 공간이나 아나키스트 그룹의 무단 거주 실험, 혹은 히피 부락을 어슬렁거리는 행동 따위는 20대 초반의 일시적인 일탈 이상의 것이 될 수 없다. 이들은 가정적이고 경제적인 안정성의 미리 운명 지어진 텔로스*telos*를 위해 거쳐 가는 중간 단계에 지나지 않는다. 그것들에는 구조가 결여되어 있다—그리고 그것들은 **의도적으로** 구조를 결여하고 있다.

두산 마카베예프Dušan Makavejev[38] 의 〈WR:유기체의 신비*WR: Mysteries of the Organism*〉과 〈교환원*The Switchboard Operator*〉이라는 작품에는 소련과 유고슬로비아 간의 폭력적인 관계를 은유적으로 묘사하는 강력한 장면이 있지만, 그의 영화는 동시에 다음과 같은 몇 가지 질문을 던진다. 우선 섹스에 대해서 다른 태도를 가진다는 것이 과연 무엇을 의미할 수 있는가? 또한 그 분명한 귀결로서, 팽배해 있는 가족과 세계의 정치적 분리를 넘어 다르게 산다는 것은 과연 무엇을 의미하는가? 만약 모든 섹스가 평등주의적이고 기쁨에 넘치는 공동선을 위한 공산주의의 일종이라면 어떻겠는가? 이 질문들에 대한 답은 속세로부터 벗어난 동료애의 일종인 공동체 의식과는 다를 것이다. 그 답은 차라리 섹스와 정치의 연결고리를 다시 정립하는 데 있다. 자본주의는 스스로가 재생산에 대한 질서 짓기와 규제에 의존한다는 사실을 감추기 위해서, 일부러 섹스와 정치의 연결고리를 불명료하게 만들고자 한다. 이러한 의미에서 언제나 가족이란 정확히 섹스와 정치 간의 관계에 대한 질문이며, 어떻게 노동시장 가까이에 먼저 도착했던 사람이, 계속해서 하루에 8시간 동안의 노동력을 팔기에 충분할 만큼의 체력과 기능을 확보할 수 있는가의 문제이다. 하지만 당신의 집을 청소하거나 장식하거나 팔라는 텔레비전의 명령들이 점점 더 강화시키는 가족 이데올로기는, 모든 주거 형태(일련의 원나잇 스탠드를 위해 마련된 원룸 아파트가 됐건, 아이들과 정원의 개가 함께하는 핵가족 가정이 됐건)로부터 정치적 지위를 점점 더 앗아간다. 페미니즘의 영속적인 성취 중 하나는 가사노동과 재생산 노동, 임금노동 사이의 연결고리를 재정립했다는 것이었다. 하지만 자본주의는 계속해서 정치 세계가 가정과 아무 상관도 없다는 듯이 위장하려고 할 것이다.

3.3
성적 좌파에서 축소주의적 수용까지

아마도 섹스를 정치화할 수 있는 두 가지 방법이 있을 텐데, 둘 중 어느 것도 특별히 만족스럽진 않을 것이다. 첫 번째는 섹스를 그 자체로 본질적으로 해방적인 것으로 이해하는 방법이다. 마카베예프의 영화들은 특히 라이히[39] 를 참고하며 해방된 섹슈얼리티의 강력한 에너지로 불장난을 벌인다. 그러나 그의 작품들은 그러한 기획을 연장하는 것이 어떤 모습일지에 대한 질문이 제기되자마자 추악하게 변해 버리는 경향이 있다. 오토 뮐Otto Mühl[40] 의 1970년대 비엔나 코뮌과 같이 라이히의 발상을 실천으로 옮기려는 실제 시도로부터, 우리는 결국(불가피하게?) 새로운 형태의 지배로 이어지고야 마는 '섹스의 과잉 정치화' 내지 '섹스의 중요성에 대한 지나친 집중화' 등의 문제점들을 보게 된다. 자유 사회를 궁극적으로 실현시키려던 뮐의 야망은 특히 하나의 적, 즉 일부일처제에 대한 선전포고로부터 시작됐다. 1972년까지 수백여 명이 그의 코뮌에 합류했고, 독일 전역에 여러 다른 코뮌 구역들이 형성됐다는 사실에서 보이듯이, 이는 당시엔 차라리 인기 있는 선택이었다.

오늘날의 '다자-다음에는-일자' 모델과는 다르게, 뮐은 단순한 교체를 시도했다—전 생애에 걸친 정절은 철저한 혼교로 대체될 것이었다. 코뮌 구성원들은 하루에 최소 다섯 번 이상 섹스를 해야 했지만, 일주일에 한 번 이상 같은 파트너와 섹스를 할 수 없었다—낭만적 사랑은 부르주아적이고 낡아 빠진 전희로 생각됐다. 섹스는 가능한 한 최대한 신속하고 기계적으로 수행되어야 했다. 웨더 언더그라운드the Weather Underground*라는 모임도 나름의 방식으로 부르주아적 도덕성에 대한 성적 비판을 수행했다. 그들은 LSD에 취한 채 아무런 성적 이끌림도 느껴지지 않는 상대와 섹스를 하도록 강요하거나, 여자 친구가 다른 남자와 섹스하는 걸 남자 친구로 하여금 지켜보게끔 만드는 등의 활동을 포함하는 장시간의 비판 모임을 가졌다. 이러한 활동

---

* 웨더 언더그라운드는 1969년 앤아버의 미시간 대학교에서 출범한 미국의 좌익 급진주의 단체다. 베트남전에 반대하며 정부기관과 기업들을 공격하자고 주장했고, 실제로 폭탄 테러를 실행에 옮기기도 했다. 베트남전이 종전되자 점차 영향력을 잃게 되었고, 1977년에 와해되었다.-옮긴이

을 통해 이들은 소속 집단에 대한 헌신을 강화하는 동시에 완전한 주체적(성적) 결핍을 보장하도록 설계된, 일종의 섹슈얼한 인지부조화를 이끌어 내려고 했다. 더 이상 낭만적인 꿈은 존재하지 않았다.

그러나 불안, 그리고 욕망의 불평등은 언제나 다시 고개를 쳐드는 것처럼 보였다. 코뮌의 모든 구성원들이 동등하게 호감이 가는 사람이었던 건 아니었다. 사실 코뮌의 어떤 구성원들은 매우 호감이 가지 않는 사람들이었고, 특히나 점점 더 남근의 위상을 차지하려 하던 뮐 자신이 비호감 그 자체였다. 몇몇의 선택받은 아주 매력적인 사람들이 군중들의 욕망으로부터 스스로를 해방시키자, 위계제는 되돌아왔다. 나중에 뮐이 '성년이 된' 모든 여자들에 대해 **주인의 권리**droit de seigner를 보장받은 데서 알 수 있듯이, 성적 좌파sexolefitism는 충분히 예상 가능하게도 성교의 참주정으로 급격하게 변모해 버렸다. 결국 1980년대에 뮐은 아동 성추행으로 징역 7년형을 선고받는다.

욕망이 그렇게 공정하지 않은 것으로 판명되는 순간, 섹스를 본질적으로 평등주의적이라고 간주하는 발상의 핵심적 문제점이 드러난다. 그렇게 욕망이 참주라는 발상을 받아들이면서 성과 정치를 연결하려는 두 번째 기획이 출현한다. 우리는 이를 비극적-정신분석학적 모델이라고 부를 수 있다. 이 방법은 최소한 스스로를 지적으로 들리는 이름으로 부를 줄 안다는 장점은 있었다. 만약 성적 관계란 게 존재하지 않는다면*, 성적 관계를 기초로 해서 공동체를 세우는 것은 가능하지 않을 것이다. 정확히 말하자면 성적 관계가 **하나가 아닌 집합체**a collective which is not one**가 될 수 있는 게 아니라면 말이다.

---

*   여기서 니나 파워는 '성적 관계란 존재하지 않는다'는 정신분석학자 자크 라캉Jacques Lacan의 유명한 말을 인용하고 있다. 어려운 공식들을 배제하고 최대한 단순하게 설명하자면 이 문구는 다음과 같은 것들을 의미한다. 첫째, 이 문구는 남성적 주체와 여성적 주체 사이의 직접적이고 무매개적인 관계는 불가능하다는 것을 의미한다. 왜냐하면 항상 두 주체 사이에 언어라는 대타자가 제삼자로 서 있기 때문이다. 모든 섹슈얼리티는 기표에 의해 표지되기 때문에, 남녀 사이의 본능적 관계 같은 건 있을 수가 없다. 따라서 라캉에 따르면 이성애란 자연스러운 것이 아니라 규범적인 것이다. 둘째, 이 문구는 남성적 주체와 여성적 주체 사이에 대등하거나 호혜적인 관계는 있을 수 없다는 것을 의미한다. 왜냐하면 상징적 질서 자체가 남녀에게 비대칭적이기 때문이다. 남성의 성이 상징화되는 것과 같은 방식으로 대문자 여성을 의미화할 수 있는 기표는 존재하지 않는다. 오로지 남근만이 양성 간의 관계를 지배하는 유일한 기표이기 때문에, 남녀 간의 대등한 성적 관계를 표지할 수 있는 상징은 존재하지 않는다. 셋째, 이 문구는 양성 간의 관계가 결코 조화로운 것이 될 수 없다는 것을 의미한다. '사랑'이란 양성 간의 조화라는 건 있을 수 없다는 사실을 감추기 위한 일종의 환상이다. 넷째, 성적 충동은 어떤 '인간 전체'나 '인격 전체'를 향하지 않고 '부분-대상'을 향한다. 따라서 동등한 두 주체 사이의 성적 관계란 존재하지 않으며, 모든 성적 관계는 하나의 주체와 부분-대상 사이의 관계이다. 모든 남성에게 여성은 진짜 주체로서 존재하지 않는다. 대신에 끊임없이 환상을 만들어내는 '대상 a'가 존재하지 않는 여성 주체의 자리를 점유하며 남성의 욕망의 대상이 된다.—옮긴이

**   이것은 프랑스의 페미니스트 정신분석학자 뤼스 이리가레Luce Irigaray의 주저 제목인 『하나가 아닌 성Ce sexe qui n'en est pas un』을 염두에 둔 표현으로

여기서 문제는 이중적이다. 첫 번째 문제점은 이러한 섹스의 모델이 가진 상대적인 비역사성이다. 이 모델은 언어와의 특수한 관계에 잘 적응하지 못한 모든 동물들[인간들]이 수치심이라는 손상된 표지를 언제나 달고 살아야 할 것이라고 가정하고 있다. 두 번째 문제점은 비극적-정신분석학적 모델의 섹스관과, 섹스의 부르주아적인 실천적 수행 사이의 유사점과 관련되어 있다. 여기에는 정말 성적 관계란 없다! 오로지 경제적이고, 경직되고, 지위에 기반을 둔 관계만이 있을 뿐이다. 고립주의적인 성적 유토피아주의와 섹스의 중요성을 전치시켜 버린 뒤틀린 시도 사이에는, 충분히 만족되지 못한 집합적 섹슈얼리티를 향한 욕망이 있다. 섹스를 (이를테면) 모든-것이자-궁극적인-것으로 만들지 않되, 그렇다고 해서 섹스를 소유권적이고 위선적인 훈계에 의해 억압받아야 할 더러운 작은 비밀로 만들지도 않는, 그러한 집합적 섹슈얼리티를 향한 욕망 말이다.

보인다. 프랑스어에서 le sexe는 상당히 다양한 의미를 갖고 있는데, 이리가레는 이 다의성을 가지고 말놀이를 하고 있다. le sexe는 '성별'이나 '성행위'를 의미하기도 하지만, 때때로 '성기'(대체로는 남자의 성기)를 의미하기도 한다. 이리가레는 주류 정신분석학이 성기(남근)가 없는 여성은 제대로 된 주체가 될 수 없다고 가정한다며, 이를 강력하게 비판한다. 이러한 정신분석학의 남성 중심주의에 맞서서 이리가레는 남성적인 상징적 질서로 환원되지 않는 여성성 자체를 강조하고자 한다. 『하나이지 않은 성』이라는 제목을 통해 이리가레는 여성에게도 성기le sexe가 있으며, 심지어 여성의 성기가 입술처럼 하나이면서도 둘로 쪼개져 있어 그저 하나에 불과한 남성의 것보다 자기충족적이고 충만한 것이라고 주장한다.—옮긴이

가족은 예외 없이 공동체주의적 열망을 위태롭게 한다. 초기의 급진적 키부츠들 몇몇은 자기-폐쇄적이었다. 즉 그들은 재생산의 문제를 전혀 고려하지 않았다. 어떤 수준에서 보면, 이러한 시도는 터무니없다—그들은 도대체 뭘 생각하고 있었던 걸까? 그러나 또 다른 수준에서 생각하면, 이 시도는 완전히 말이 된다. 코뮌은 외부로부터의 구성원의 지속적인 유입을 통해 쉽게 유지될 수 있다—비록 이는 일정한 기생 관계에 의존하겠지만 말이다. 그러나 여전히 가족의 문제는 적절하게 해소되지 않았다. 그들의 어두운 속마음은 너무 자주 수면 위로 떠올랐다.

소아성애자-살인자들보다 무한한 정도로 더 널리 퍼져 있는, '자식을 죽이는 엄마들'과 '자식을 덮치는 아버지들'은, 부모-시민들과 천사 같은 자녀들 간의 기분 좋은 관계를 그리고 있는 목가적인 가족의 초상화를 동요시키는 난입이라고 할 수 있다.*

'부모-시민들'이 때때로 자신의 아이들을 어떻게 학대하는지를 보여주는 폭로는, 가족이 잘못될 때는 정말로 **심각하게** 잘못될 수 있다는 사실을 우리에게 상기시켜 준

---

* Alain Badiou, 'Sex in Crisis', *The Century*, trans. Alberto Toscano (London: Polity, 2007), p. 75.[이 절에서 설명되는 바디우의 논지는 『세기』(박정태 옮김, 이학사, 2014) 7장 '성의 위기'(131-150쪽)를 참조할 것.—옮긴이]

다. 마치 우리가 그 점에 대한 상기를 필요로 했다는 듯이 말이다.

바디우는 『세기The Century』에서 "프로이트가 인간의 사유를 아이의 섹슈얼리티를 기반으로 해서 설명"했으며, "주체의 욕망의 대상이 반대의 성별로부터 비롯된다는 사실에는 아무것도 자연스럽거나 명백한 것이 없다"라는 점을 우리에게 상기시킴으로써, 프로이트의 사유가 가진 본래적 충동을 다시 깨우려고 시도한다. 정신분석학은 이성애의 '자연스러움'과 아이의 성적 순수성 모두에 문제를 제기한다. 바디우는 "섹스의 의미보다는 섹스의 실재"를 다루려고 했던 프로이트의 시도가 도처에 편재한 강제적이면서도 초도덕화된 향락에 대한 요구 속에서 슬프게도 상실되어 버렸다고 확신한다.

사실 바디우는 무슨 이유에서인지 섹스에 관해서 상심해 있는 것처럼 보인다. 또한 그는 명백하게 포르노그래피를 마음에 들어 하지 않는 것처럼 보인다("베나제라프José Bénazéraf[41]는 그가 약속한 어떤 것도 지키지 않았다"). 비록 포르노그래피가 "섹슈얼한 것의 완전한 가시성과 대면하는 한, 영화의 본질 자체"를 다룰 것이라 짐작된다는 사실에도 불구하고 말이다.* 섹슈얼리티의 향후 활용 방안과 관련해, 히스테리적이지 않은 방식으로 정신분석학의 통찰에 반응하는 공산주의 가설을 우리는 어디서도 찾을 수 없다.

그러한 가설을 찾기 위해서 우리는 참담할 정도로 간과당해 왔던 슐라미스 파이어스톤Shulamith Firestone[42]과 1970년에 출판된 그녀의 소책자『성의 변증법*The Dialectic of Sex*』으로 눈길을 돌려야 한다. 파이어스톤은 '궁극적 혁명'이라는 마지막 장에서 그녀가 '사이버네틱 공산주의 cybernetic communism'라고 명명한 것, 즉 피임 기술과 재생산 기술의 진보, 그리고 노동과 사회 조직의 대안적 모델을 통한, 여성(과 남성)의 생물학적 덫으로부터의 완전한 해방 ("자연적 출산은 '자연으로-돌아가라'는 반동적 히피-루소적 발상들 중 하나일 뿐이다")이 가진 함축들을 진지하게 다룬다. 놀랍지 않게도 그녀는 프로이트처럼 섹스의 '실재'와 아이의 섹슈얼리티의 '실재'를 다루는 데까지 나아간다. 파이어스톤은 그저 이러한 주제들에 대해 단순히 언급하고 넘어가는 것이 아니라(처음에는 의문의 여지없이 충분히 충격적이다), 이들을 더 이상 '자연적' 임신이 존재하지 않는, 공동체와

---

*   Alain Badiou, "Philosophy and Cinema", *Infinite Thought*, trans. Oliver Feltham and Justin Clemens(London: Continuum, 2003), p. 116.

노동 대체 기계들의 미래적 유토피아를 향한 자신의 계획
에다 병합하고자 시도한다.

파이어스톤은 우리가 "성으로부터 배제된sexegrated"
여성들과 아이들의 "완전한 통합"을 성취한다면, "최초로"
자연적인 성적 자유를 발견하게 될 것이라고 주장한다(흥미
롭게도 기술주의는 인간주의적 실천의 전제 조건이다). 모든 여성
들과 아이들의 성적 자유는 다음과 같은 방식으로 용감하
게 요약된다. "이제 그들은 성적으로 하고 싶은 것은 무엇
이든지 할 수 있다." 사이버네틱스는 근친상간의 금기를 부
숴버릴 뿐이다. 아이들과의 관계에는 "아이들의 능력이 허
락하는 한 성기 섹스도" 명백하게 포함되게 될 것이다.
"[……] 그러나 성기 섹스는 더 이상 관계의 핵심적인 주제
가 되지 못하기 때문에, 오르가즘의 부재는 더 이상 심각한
문제가 되지 않을 것이다."* 아이의 섹슈얼리티의 한계가
어디까지여야 하는지에 대한 그녀의 발상을 **문자 그대로**
본다면 극단적으로 보일 것이다. 비록 당대의 지적 분위기
에서 그러한 발상과 역사적으로 공명하는 것들이 없지 않
았지만 말이다.[다니엘 콘-벤디트Daniel Cohn-Bendit[43] 는

---

*   Shulamith Firestone, *The Dialectic of Sex: The Case for Feminist
Revolution*(London: Paladin, 1970), p. 223. 『성의 변증법』, 김민예숙 • 유숙열 옮김,
꾸리에, 2016, 339-40쪽

"어떤 아이들은 내 바지를 열고 나를 자극하기도 했다"고 말했다. "나는 상황에 따라 다르게 반응했다 (······) 그러나 아이들이 그걸 고집할 때는, 그들을 애무해 주었다.") "소아성애자!"라는 즉각적인 울부짖음은 이러한 종류의 성적 유토피아 구상에 대한 토론을 신속하게 끝장내기에 충분하다. 그러나 푸코가 말하듯이, 우리에게 "아이들의 문제"는 여전히 심각한 사안으로 남아 있을 것이다. 완벽하게 정상적으로 보이는 가정집 지하실에 숨어 있는 섬뜩한 비밀로 말이다.

메사추세츠의 십대 소녀 그룹들의 이른바 '임신 계약'을 다루는 최근의 뉴스 기사는 흥미롭다. 이 기사는 그 사실을 둘러싼 천박한 가십거리들(그 소녀들은 모두 24살짜리 노숙자 남자 한 명과 잤다! 우리는 영화 〈주노〉**에 책임이 있다고 생각한다!) 때문이 아니라 계약서에 담긴 조항들 때문에 흥미롭다.*** 이 계약은 단순히 개인적으로 사춘기의 권태로부터 단절하고자 하는 시도가 아니라, '집단적으로' 아이들을 양육하려는 욕망이었다. 그러한 계획이 주는 도덕적 불쾌감을

---

*   "Red Face for Fischer's Friend"(http://www.guardian.co.uk/world/2001/feb/23/worlddispatch.jonhenley)

**   〈주노Juno〉는 2007년에 개봉된 제이슨 라이트맨Jason Reitman 감독의 영화다. 10대 소녀의 임신과 출산을 긍정적인 시선으로 다루고 있다.-옮긴이

***   "US fears of teen 'pregnancy pact'"(http://news.bbc.co.uk/1/hi/world/

떠나서 생각해 본다면, 사실 이 계약은 그렇게 멍청한 생각은 아니다. 당신이 아이를 가질 거라면, 되도록 젊을 때 아이를 갖되 노동을 분업하는 게 좋을 것이다. 당신이 지저분한 아기 외투 스물한 벌을 한꺼번에 세탁할 수 있다면, 왜 굳이 한 벌씩 개별적으로 세탁을 하는가?

여기에는 도덕적/생물학적 역설이 있다. 신체적으로 생각한다면 당신이 아직 상대적으로 원기왕성할 때 아이를 갖는 것이 더 옳은 일일 것이다. 술과 다이어트, 그리고 스트레스로 얼룩진 수십 년을 보낸 30-40대 언저리의 엄마는, 농구공을 던지는 15살짜리 소녀보다는 몇 주간의 불면으로부터 회복하는 시간이 오래 걸리기 마련이다. 그러나 어떤 중산층 부모도 손주를 위해 자식을 대학에 보내는 일을 보류하려고 하지 않을 것이다. 학교 교장이 계약을 맺은 소녀들에 대해 말했듯이, "그들은 어린 백인 여성들이다. 우리는 그녀들 중 일부가 아이를 갖는 것에 대해서 같이 이야기를 했고, 임신이 그녀들을 위해 긍정적인 일이 될 수 있다고 생각했다는 점을 이해한다." 얼마나 무서운 일인가! 그러나, 그러나…… 그녀들은 백인들이다. 그리고 그녀들은 그걸 하고 싶어 한다! 핵가족의 죽음을 상상하는 것보다는 세계의 종언을 상상하는 일이 쉬울 것이다.

하지만 종종 가장 어려워 보이는 문제가 가장 단순한 답을 가지고 있을 때가 있다. 20년 전 토니 모리슨Toni Morrison[44]이 『타임』지와의 인터뷰에서 임신과 관련된 질문을 받았을 때, 그녀는 다음과 같이 대답했다. 그녀의 대답은 여기에 길게 다시 인용될 가치가 있다.

Q 이는 우울할 정도로 많은 수의 한부모 가정이라는 문제와 증가하는 10대 미혼 임신이라는 위기로 이어지고 있다. 당신은 이렇게 점점 나빠지고 있는 상황과 지표들로부터 벗어날 방법이 있다고 보나?

A 글쎄. 당신이 언급한 어떤 것도 내게는 상황의 악화로 보이지 않는다. 나는 여성이 가정을 이끌어 간다고 해서 문제가 된다거나 결손가정이 된다고 생각하지 않는다. 그런 것들이 문제로 인식되는 까닭은 가장이 반드시 남자여야 한다는 편견 때문이다.

부모가 둘이라고 해서 부모가 한 명일 때보다 아이를 잘 키우는 게 아니다. 아이 하나를 키우기 위해선 공동체 전체—구성원 모두—가 필요하다. 가장 돈을 많이 벌어 오는 사람이 가장이어야 한다는 발상이나 여성이 남성 가장보다 아무래도 부족한 면이 많다는 발상—나는 혼자서 아이 둘을 키웠다—혹은 여성이 남자 없이 완전할 수 없다는 발상은 모두 가부장제적인 발상이다. 핵가족은 잘 맞지 않는 패러다임일 뿐이다. 이 패러다임은 백인에게도 흑인에게도 잘 맞지 않는다. 나는 왜 우리가 핵가족을 계속해서 고수해야 하는지 잘 모르겠다. 핵가족은 사람들을 작은 단위들로 고립시킨다—우리는 핵가족보다 큰 단위를 필요로 한다.

Q 그렇다면 10대의 임신 문제는 어떻게 생각하는가?

A 우리 할머니들은 임신했을 때 다들 10대였다. 그들이 열다섯 살이었건 열여섯 살이었건, 그들은 가정을 꾸리고 농장을 운영했고 일을 나갔고 아이들을 키웠다.

Q 하지만 그 할머니들에게는 다른 삶을 살 수 있을 거라는 가능성이 없었다. 요즘의 임신한 16살짜리, 15살짜리들은 자신에게 특별한 능력이나 재능이 있는지 여부를 탐색할 시간을 갖지 못했다. 그들은 아기를 가진 아기들에 불과하다.

A 그 10대들이 낳을 아이는 그들을 해치지 않을 거다. 물론 아이를 양육하는 건 시간을 많이 소모하는 일이다. 하지만 도대체 누가 일정에 신경을 쓰는가? 18세에 학교를 마쳐야만 한다는 법이 있는가? 사춘기를 언제까지 늘려 잡아야 하나? 30

세? 도대체 언제 사람들은 아이의 단계로부터 벗어나나? 10대
들의 신체는 아이를 가질 준비가 되어 있고, 바로 그 때문에 10
대들이 아이를 가지려는 열정에 사로잡히는 것이 아닌가? 자
연은 사람들이 신체적으로 준비가 됐을 때 아이를 갖기를 원
하지, 경제력이 준비가 된 40대 이후에 아이를 가지길 원하지
않는다.

Q 당신은 이 임신한 소녀들이 나중에 선생님이 될 수 있었
다거나 다른 무엇이 될 수 있었을 거라는 가능성을 영원히 알
지 못하게 될 것이라고 생각하지 않는가?

A 그들은 선생님이 될 수 있고, 뇌 수술을 할 수 있는 외과
의사가 될 수도 있다. 우리는 그들이 원한다면 뇌외과 의사가
될 수 있도록 도와야만 한다. 그게 나의 일이다. 나는 그들 모두
를 안고서 이렇게 말할 거다. "네 아기는 아름다워. 그리고 너
도 아름다워. 얘야, 너는 할 수 있어. 그리고 뇌외과 의사가 되
고 싶다면, 나한테 전화를 하렴─네 아기는 내가 돌봐줄게." 이
것이야말로 당신이 인간의 삶에 대해 가져야 할 태도다. 다만
우리는 이러한 태도를 취하는 데 드는 비용을 지불하길 원하
지 않을 뿐이다.

Q 어떻게 빈곤의 순환을 깨뜨릴 수 있는가? 당신이 그저 돈

을 건네줄 수는 없는 일이 아닌가?

A 왜 그러면 안 되는가? 사람들이 갖고 있는 모든 건 다 누군가로부터 건네받은 거다. 부자들은 부를 물려받은 거다—부자들은 부를 상속 받는다. 단순히 돈의 상속만을 이야기하는 게 아니다. 나는 혈연이나 학연주의 같은 중산층과 상류층의 사람들에게 당연하게 받아들여지는 모든 것들을 포함해서 이야기하는 거다. 그것들은 자기 계급으로부터 공유된 보조금이다.*

4.0
맺으며

현대 페미니즘의 정치적 상상력은 정체되어 있다. 자기-충족과 소비자 해방이라는 현대 페미니즘의 활기차고 긍정적인 메시지는, 노동과 문화의 근본적인 변혁에 대응할 수 없는 자신의 심원한 무능력을 감추고 있다. 그 모든 환희와 흥분에도 불구하고, 개인적 정체성을 찬양하는 자축적인 페미니즘은 무엇보다도 일차원적인 페미니즘일 수밖에 없다. 일차원적 페미니즘은 옷을 세련되지 못하게 입거나, 열정을 보이지 못하거나, (가장 나쁜 경우로) 아이를 가짐으로써 자기 자신과 회사를 실망시키길 극도로 두려워하는 일차원적 노동자의 이면일 뿐이다. 노동의 여성화와 여성의 노동화는 자본주의의 주요 모순들과 그에 수반하는 기회주의적인 성차별주의 위를 표류할 것이다. 임시방편적 쾌락이 아무리 많이 제공된다 해도 이를 상쇄할 순 없다.

계급과 인종, 젠더의 관계에 대한 모리슨의 통찰이 가진 수정처럼 투명한 단순성. 그리고 섹스와 영화, 삶의 대안적 양식들이 한때 위대한 가능성을 약속했었다는 기억, 이 모든 것들은 우리에게 페미니즘이 한때는 새로운 사유와 새로운 실존의 양식들의 발원지였다는 점을 상기시켜 줄 것이다. 일정한 경제적 '확실성들'이 산산조각나면서, 이른바 '자연스러운' 행태의 양식이 질문에 부쳐지고 있다. 만약 페미니즘이 이를 지금 자신을 둘러싸고 있는 제국주의와 소비주의의 광휘를 떨쳐버릴 수 있는 기회로 삼는다면, 페미니즘은 현재의 일차원성을 영원히 떨쳐버리고 다시 한 번 변혁을 향한 자신의 정치적 요구들을 무대의 중심에다 올릴 수 있을 것이다.

페미니즘을 도둑맞는 게 가능할까?

미셸 퍼거슨Michaele Ferguson*
(콜로라도 대학 정치학과 교수)

　『도둑맞은 페미니즘』은 내가 해설을 쓰는 지금으로부
터 거의 십 년 전인 2009년 12월에 출간된 책이다. 2009년
은 수백만의 사람들을 더 이상 빚을 갚지 못하는 실업자의
처지로 내몰았던 전 지구적 금융위기가 발발한 바로 다음
해였으며, 그해 12월은 미국 대통령 버락 오바마가 앞으로

---

* 　미셸 퍼거슨은 현대 민주주의 이론과 페미니즘 정치이론 분야에서 활발하
게 활동하고 있는 미국의 정치학자다. 『민주주의를 공유하기』라는 저서에서 '민
주주의 정치가 반드시 참여자들 간의 일정한 공통성(공통의 국적이나 공통의 문화, 합
의된 핵심적 가치 등)을 필요로 한다'는 기존 정치이론들의 주요 가정을 기각하는 한
편, 언제나 불협화음을 일으키고 예측 불가능하지만, 그럼에도 불구하고 새로운
세계를 창조하는 정치적 자유의 힘을 찬양했다. 최근에는 신자유주의 페미니즘의
부상에 맞서 페미니즘의 재급진화를 모색하는 새 저서를 준비하고 있으며, 미국
의 페미니스트 정치이론가 아이리스 매리언 영의 정치사상에 대한 선집을 편찬하
고 있다. 현재 콜로라도 대학 정치학과 부교수로 재직하면서 서구 근·현대 이데
올로기, 페미니즘 정치이론, 칸트 이후의 정치이론 등의 과목을 가르치고 있다.

세계를 위한 리더십을 발휘해 주리란 기대를 받으며 노벨 평화상을 수상한 지 두 달 뒤인 시점이었다. 당시는 서구의 페미니스트들이 "어떠한 체계적인 정치적 사유에도 착수하지 않고" 있다는 점을 반성하고(22쪽), 자본주의를 여성 해방을 위한 수단으로 끌어안은 것을 비판적으로 성찰해야 한다고 주장하는 책이 나오기에는 꽤나 이상한 시점이었다. 어떤 점에서 이 책은 얼핏 2006년 즈음에 유행하던 미국의 백인 페미니즘에 관해서, 혹은 그것을 위해서 쓰인 것처럼 읽힌다. 가령 드라마 〈섹스 앤 더 시티〉의 등장인물 캐리 브래드 쇼의 화려한 소비를 그대로 모방하고자 하는 세대의 여성들을 위해서 말이다. 그러나 2009년까지 많은 미국의 페미니스트들은 오바마를 자신들의 "체계적인 정치적 사유"의 성공을 그대로 체현하는 인물로 이해했다.[*] 페미니스트들은 오바마를 위해 스스로를 조직화하고 자신들의 표를 던졌으며, 결국 승리했다. 물론 서구의 많은 페미니스트들은 서브프라임 모기지 위기와 증가하는 실업률의 효과를 직접 경험했던 만큼, 자본주의의 한계에 대해서 심도 있게 이해하고 있었다. 사실 이 시기의 언론 보도는 경제위

---

[*]   Crenshaw, Kimberlé, and Eve Ensler. 2008. "Feminist Ultimatums: Not in Our Name". *The Huffington Post*, 2008년 2월 5일[2018년 3월 18일 접속]. 본문은 아래 웹주소에서 확인 가능하다. http://www.huffingtonpost.com/kimberle-crenshaw-and-eve-ensler/feminist-ultimatums-not-_b_85165.html

기가 젠더에 따라 다른 효과를 가져왔다는 점에 대해 주목
했다. 경제가 침체된 몇 년 동안 엄청나게 많은 남성들이 비
례에 어긋날 정도로 실업자 집단 안에서 과잉 대표되었으
며, 그 결과 갑자기 여성들이 가족들의 생계를 책임지게 되
었다.* 따라서 이 시기는 페미니스트들에게 '자본주의를
거부하고 정치에 관여하라'고 말하기에는 상당히 이상한
시점이었다.

　　하지만 동시에 정확히 이 시점이야말로 서구의 많은
페미니스트들이 이 책이 말하는 바와 같은 메시지를 청취
할 필요가 있었던 때이기도 했다. 영국에서는 겨우 몇 년 전
에 토니 블레어가 총리 자리에서 물러났으며, 당시만 해도
블레어가 추구한 중도적이고 신자유주의적인 경제 정책이
약속했던 끝없는 경제 성장의 약속은 사람들에게 최근의
기억으로 남아 있었다. 미국에서는 빌 클린턴이 성장의 시
기를 이끌었지만 뒤이어 닷컴 버블과 9·11 테러로 인한 시
장의 붕괴를 경험했다. 그러나 미국 역시 충격으로부터 회
복하고 있었다. 새로운 세대의 여성들은 이렇게 자본주의
가 회복 중인 시대에 노동시장에 진입했고, 자유시장이 약

---

* 　미국: https://www.americanprogress.org/issues/economy/
news/2009/07/20/6314/women-breadwinners-men-unemployed/
　　영국: https://www.telegraph.co.uk/women/womens-business/11941311/
Rise-of-the-female-breadwinner-stalls-as-men-see-pay-packets-grow.html

속한 상향 유동성과 자신의 개인적 성취를 결부시킬 준비가 되어 있었다. 2000년대 후반의 경제적 침체로 인해 서구의 많은 사람들이 혼란에 빠지고 일자리를 잃긴 했지만, 당시만 해도 그들에게는 자본주의를 탓할 수 있는 개념적 어휘가 없었다. 월가 점령 시위대가 맨해튼의 주코티 공원을 점거한 것이 2011년 9월 11일에 이르러서였다는 사실은 기억할 만한 가치가 있다. 월가 점령 운동이 우리에게 준 "1퍼센트"라는 유명한 표현은, 자본주의 시장을 통해서 여성이 해방될 수 있다는 생각을 여전히 믿었던 2009년의 평균적인 미국이나 영국의 페미니스트들에게 아직 활용 가능한 어휘가 아니었다. 사회주의 페미니스트들은 언제나 학계와 운동권에 존재했지만, 소련의 붕괴와 블레어가 제시한 '제3의 길'의 성공적인 부상 이래 그들의 위상은 상대적으로 미미한 정도로까지 위축되었다.

따라서 다소 황급하게 쓰인 것처럼 보이는 파워의 책은 2009년까지만 해도 많은 이들이 제대로 표현할 수 없었던 문제를 다룰 수 있는 목소리를 제공해 주었다고 할 수 있다. 우선 이 책은 어떤 유형의 현대 페미니즘이 맑스가 말한 의미에서 이데올로기에 불과함을 폭로하고자 한다. 즉 어떤 현대 페미니즘은 우리의 종속을 해방이라도 되는 양 몰래 포장해 버리고는, 여성과 노동자에 대한 일반적인 억압과 착취를 정당화하는 허위의식의 일종이라는 것이다. 이 이데올로기는 단순히 페미니스트들을 자본을 위해 스스로를 대상화하길 원하는 유순한 소규모 기업가로 만들어내는 것에서 그치지 않고, 페미니즘 자체를 탈정치화한다. 파워는 "소비주의와 현대 페미니즘이 사용하는 많은 수사들이 [……] 노동과 섹스, 정치에 대해 진정성 있게 사유"하는 것을 오히려 "방해"하고 있다고 쓰고 있다(23쪽). 파워가 "현대 페미니즘"이라고 부르는 것은 제대로 된 페미니즘 정치이론이라고도 할 수 없다. 이 책이 비판하는 "현대 페미니즘"은 소비와 경쟁을 해방이라도 되는 것처럼 유통시키고, 젠더화된 억압의 근본 원인에 대한 구조적 분석을 차단한다.

다른 한편으로 파워는 현대 페미니즘을 자본주의 이데올로기라고 폭로하는 데서 한발 더 나아가고자 한다. 가령 그녀는 (파올로 비르노를 인용하면서) 자본주의 이데올로기의 "물질적 기반"을 특정하고자 하며, "평등에 대한 몇몇 물질적 장애물들을 식별"해 내려고 시도한다(26쪽). 이러한 의미에서 파워의 책은 사회주의 페미니스트 학자들의 오랜 전통 안에 속한다고 할 수 있다. 사회주의 페미니스트 학자들은 오랜 전통에 따라 '물질적인 것에 대해서 거의 혹은 전혀 관심을 기울이지 않으면서 가부장제의 문화적 현시에만 지나치게 신경을 쓰는' 다른 페미니스트들을 꾸짖어 왔다.* 궁극적으로『도둑맞은 페미니즘』은 현대 페미니즘의 이데올로기가 가진 물질적 기반을 식별하는 두 번째 과업에서보다, 현대 페미니즘의 이데올로기성을 폭로하는 첫 번째 과업에서 더 성공적이었다.

파워의 '현대 페미니즘'에 대한 비판은 이 책의 두 번째 장을 시작하는「2.0 소비자 페미니즘」에서 전면에 드러나고 있다. 여기서 파워는 어떤 유형의 대중적 페미니즘이 소비와 해방을 혼동하도록 부추기고 있다고 주장한다. 파워는 특히 2007년『전면적 페미니즘』이라는 첫 번째 저서를 출간했던 미국 페미니스트 제시카 발렌티를 비판의 주된 과녁으로 삼는다. 파워에게 발렌티의 책은 소비자 페미니즘(혹은 페미니즘™)이라는 개념을 물질적으로 구현하는 것이라고 할 수 있다. 발렌티의 책에서 페미니즘은 젊은 여성들에게 판매할 수 있고 판매되어야 하는 일종의 재화로 환원된다. 즉 "발렌티의 주장은 페미니즘을 최신의 필수 액세서리로 판매하려는 필사적인 노력이라고 할 수 있다"(72쪽). 이 페미니즘은 "구조적 분석이나 진실한 분노, 집합적 요구를 완전히 결여"하고 있다는 점이 특징적이다(72쪽). 이 머리 아픈 것들 대신에 소비자 페미니즘은 우리에게 즐

---

* 낸시 프레이저Nancy Fraser가 대표적이다. 그러나 그녀보다 훨씬 이전에는 줄리엣 미첼Juliet Mitchell이 있었다.

거움과 행복, 좋은 섹스, 그리고 무엇보다도 정치로부터 면제된 안도감을 약속한다. 바로 이러한 이유로 소비자 페미니즘에는 시장성이 있다.

파워의 발렌티에 대한 비판에서 기이한 점이 있다면, 그것은 파워 자신이야말로 지나치게 쉽게 소비될 수 있는, "유산균 요거트 음료처럼 술술 넘어가는" 페미니즘의 전망을 우리에게 제공하고 있다는 사실에 있을 것이다(73쪽). 파워의 언어는 즉각적이고 통렬하다. 그러나 그녀의 분석은 피상적이고 인상주의적인 수준에 그치며, 결코 표면적인 것 아래로 파고드는 법이 없다. 이 책의 2.1절에서 파워는 발렌티에서 프로이트로, 패션 잡지에서 에이리얼 레비로, 베티 프리던에서 남자 블로거들로, 다시 발렌티를 거쳐 휴 헤프너에게로, 우주 공간에서의 초콜릿 이야기에서 페이 웰던으로 정신없이 논의를 전환시킨다. 그녀가 동원하는 기억하기 좋은 문구들과 먹기 좋은 크기로 잘게 나눠진 절들은 알랭 바디우와 장 폴 사르트르, (그리고 물론) 허버트 마르쿠제를 언급하는 책 치고는 놀라울 정도로 쉽게 술술 넘어간다. 이 책의 간결성은 독자들이 쉽게 들이마실 수 있도록 의도된 설계처럼 보인다. [영어본을 기준으로] 대부분의 절들은 한 쪽에서 두 쪽 분량이다. (게다가 마지막 쪽이 69쪽인 건 그저 우연의 일치일까?) 이 책에서 논증의 일관성을 찾기는 힘들며, 어떻게 각 절들이 하나의 체계 안에서 서로 연결되는지 이해하기도 힘들다. 이 책은 서로 관련이 있을 수도 있고 없을 수 있는 여러 짤막한 소품들의 난잡한 짜깁기로 이루어진 것처럼 보인다.

파워가 "미국에서 공식화된 형태"의 현대 페미니즘을 비판의 주요한 타깃으로 삼겠다고 말한 것을 고려해 보자 (22쪽). 약속과 달리 파워는 마치 이 책이 [미국이 아니라] 영국의 독자들을 위해 계획된 것처럼, 자신의 소품들을 오해의 여지가 없을 정도로 영국적인 목소리에 실어 나르고 있다. 또한 그녀의 논의는 계속해서 영국의 사례들로 돌아온다. 그러다 그녀는 머리가리개를 금지하는 프랑스의 사례에 대한 바디우의 분석으로 논의를 전환시킨다(43쪽). 과연 혹은 왜 이것이 자신의 주제와 연결되는지는 전혀 논의하지 않은 채 말이다. 책을 읽다 보면 하나의 주제에서 다른 주제로, 하나의 문제 설정에서 다른 문제 설정으로 전환하는 그녀의 움직임은 그렇게 두드러지지 않는 것처럼 느껴질 것이다. 하지만 한 발 떨어져 바라본다면 이러한 전환들은 굉장히 당황스럽다. 어떻게 우리는 이러한 현대 페미니즘이 파워가 모아 둔 서로 그리 큰 관련이 없는 소품들의 집합 이상의 것이 될 수 있는지 알 수 있는가? 파워는 자신이 소환하는 사례들이 어떻게 서로 연관되는지에 관해서 독자들을 설득하고픈 생각이 없는 것처럼 보인다. 대신 그녀는 이 사례들의 배후에 일종의 일관된 현상이 있다는 인상을 만들어 내기 위해서 그저 사례들의 병치에 의존하고 있다.

아마도 이 책의 가장 평범하지 않은 측면은 세 번째 장에서 갑작스레 빈티지 포르노에 대한 논의가 등장한다는데 있을 것이다. 현대 포르노의 동질성과 고된 노동을 비판하면서(107쪽), 파워는 보다 다원적인 섹슈얼리티를 발견하기 위해 20세기의 초반부로 되돌아간다. 빈티지 포르노에 대한 파워의 묘사가 그녀가 이 책을 집필한 방식과 유사하게 들리는 것은 그저 우연의 일치일까?

이 초기 단편 영화들의 아름다움은 디테일에, 즉 참여자들의 웃음소리와 수없이 다양한 육체의 향연에 자리하고 있다. 관습을 벗어난 매력적인 것들이 진정하게 예쁜 것들과 뒤섞인다. 커다란 엉덩이들이 기쁨에 겨워하는 작은 남자들을 찍어누른다. 포르노그래피 영화 제작의 규칙들이 아직 정식으로 갖춰지지 않았다는 사실과 영화 촬영 장비들이 아직 발달되지 않았다는 사실은, 종종 영화 촬영이 어떤 종류의 클라이맥스에도 이르기 전에 중단된다는 것을 의미했다. 그렇지만 이는 이 영화들에다 아마추어적이고 비구조화되고 아나키적인 매혹을 더해 줄 뿐이었다(109쪽).

아마추어적이고 비구조화되고 아나키적이며 매혹적인—이 형용사들은『도둑맞은 페미니즘』에 대해서도 적합한 기술로 보인다. 소비자 페미니즘에 대한 파워의 최종적인 비판은 (물질적이라기보다는) 형식적이다. 그녀는 우리에게 초기 포르노의 어설픈 무언가를 떠올리도록 만드는 페미니즘적인 분석적 글쓰기의 새로운 방식을 제안하고 있다. 파워가 3장에서 포르노와 관련해 만들었던 시간적 대조와 똑같은 틀의 대조를, 한 쪽짜리 결론에서 페미니즘과 관련해 제시하고 있음에 주목하자. 오늘날의 성 산업에 의해 대량 생산된 엄청난 숫자의 포르노 영상물들처럼 현대 페미니즘은 "일차원적"이다. 하지만 빈티지 포르노와 마찬가지로 "한때 페미니즘은 새로운 사유와 새로운 실존의 양식들의 발원지였다"(139쪽).

파워의 책이 어떻게 현대 페미니즘의 일정한 양식들이 정치적인 것을 차단하는지 가시화하고 있음에도 불구하고, 그녀의 주장은 기묘한 방식으로 페미니즘의 비정치화에 기여하는 것처럼 보인다. 그녀는 페미니즘의 언어가 어떻게 사용되어야 하는지 통제하고 감시하려고 시도한다. 이는 내가 다른 곳에서 **페미니즘의 순수성에 대한 욕망**이라고 지적했던 움직임이라고 할 수 있다.* 처음에 파워가 "우

---

*   Michaele Ferguson, "Trump is a Feminist", *Theory and Event,* 20 (1): p. 56,

리는 소비자 페미니즘의 물질적 기반을 식별할 필요가 있다"고 주장했음에도 불구하고, 그녀는 논의의 초점을 [물질적 기반 대신] 언어로 돌리고 있다. 페미니즘의 언어가 비정치적인 페미니즘을 지원하기 위해 활용된다는 사실은, 파워의 주장에 따르면 "페미니즘이라는 단어의 의미가 겪고 있는 근본적인 위기"를 표지하는 것이다. 이에 파워는 "우리는 그냥 이 단어를 내던져버리거나, 최소한 우리가 어떤 의미로 이 단어를 사용하는 건지 꽤 분명히 할 수 있는 상황에서만 이 용어를 사용하도록 제한"하자고 추천하기까지 한다. 페미니즘 언어에 대한 이러한 염려는 현대 페미니즘 '들'에 대해 비판적인 페미니스트들 사이에서 꽤 빈번하게 반복되는 후렴구라고 할 수 있다. 이 페미니스트들은 어떻게 "그들의" 언어가 자신들이 거부하고자 하는 인물들과 운동들에 의해 도둑질 당했고 흡수되어 버렸는지에 대해서 한탄한다.* 어쩌면 굉장히 이상하게 보이기도 할 텐데, 이는 파워가 [자신이 강력하게 비판했던] 발렌티와 공유하고 있는 관점이기도 하다. 발렌티는 최근에 이반카 트럼프가 "페미

2017.

* 예컨대 낸시 프레이저의 『전진하는 페미니즘Fortunes of Feminism』을 보라. 그녀의 주장에 대한 나의 분석은 Michaele Ferguson, "Neoliberal feminism as political ideology: revitalizing the study of feminist political ideologies", *Journal of Political Ideologies*, 22 (3), 2017을 보라.

니즘을 도둑질하고 있다"고 한탄한 바 있다.*

　페미니즘이 도둑맞을 수 있다는 발상, 그리고 거기에 상응하는 어떤 언어의 사용이 "우리가 어떤 의미로 이 단어를 사용하는 건지 꽤 분명히 할 수 있는 상황" 안에 제한될 수 있다는 신념은 서로 동전의 양면을 이룬다고 할 수 있다. 이 두 가지 발상은 모두 언어가 사람들에 의해 통제될 수 있는 무언가라는 관점에 기대고 있다. 이러한 관점은 '누가 우리가 쓰는 단어들의 의미를 통제하는가'라는 질문—따라서 파워가 지적한 바처럼, '누가 우리가 다뤄야할 [이데올로기의] 물질적 조건들로부터 다른 곳으로 우리의 주의를 돌리고 있는가'라는 질문으로 정치의 문제를 **그릇되게** 환원해 버린다. 여기서 나는 '그릇되게'라는 표현을 썼다. 왜냐하면 이 관점은 정치나 언어가 실제로 작동하는 방식과는 거리가 있기 때문이다. '페미니즘'과 같은 단어들은 철학자 월터 브라이스 갈리W. B. Gallie가 "본질적으로 경합하는 개념들essentially contested concepts"이라고 불렀던 것이기도 하다.** "본질적으로 경합하는 개념들"에는 고정된 의미

---

* 　　Jessica Valenti, "The Empowerment Trap: Ivanka Trump and the Art of Co-Opting Feminism", *The Guardian*, November 15 2016, https://www.theguardian.com/world/2016/nov/15/ivanka-trump-feminism-us-election

**　　W.B. Gallie, "Essentially Contested Concepts", *Proceedings of the Aristotelian Society*, 56, 1956을 보라.

란 없으며, 언제나 그것들의 의미는 경합과 논쟁의 대상으로 불안정하게 남아 있다. 페미니즘은 어떤 관념들의 단일하고 명확한 집합을 가리키는 것이 아니다. 가령 사라 페일린, 이반카 트럼프, 제시카 발렌티 같은 페미니스트들은 페미니즘이라는 단어가 가진 단일하고 명확한 정의로부터 벗어난 것이 아니다. 오히려 페미니즘은 가소적可塑的/plastic이다. 즉 페미니즘은 언어의 한 조각으로서 다중적이고 모순적이며 중첩적인 의미화를 수행할 수 있다. 어떻게 우리가 페미니즘이라는 단어를 사용할 수 있는지에 대해서, 어떻게 여전히 우리의 의미가 다른 이들에게 이해 가능하리라 기대할 수 있는지에 대해서 작용하는 일정한 한계들이 있긴 하겠지만, 가능한 의미의 범위는 안정되거나 고정된 것이 아니다. 또한 나는 다른 이들의 언어 안에 함축되어 있는 페미니즘의 전망에 동의하지 않고서도 다른 이들이 구사하는 페미니즘 언어를 이해할 수 있다. 스스로를 페미니스트로 정체화했던 사람들은 수세기 동안 페미니즘이 수반해야 할 정치적 전망이 무엇이어야 하는지에 대해 논쟁해 왔다. 미국과 같은 나라에서 단일한 페미니즘은 존재하지 않으며 존재했던 적도 없다. 오히려 우리는 페미니스트들이 서로 다른 정치적 신조를 갖고 페미니즘이 무엇이어야 하는가에 대해 논쟁했던 오래된 역사를 갖고 있다. 노예제 폐지를 지지하는 페미니스트들, 투표권을 요구하는 페미니스트들, 자유주의 페미니스트들, 급진 페미니스트들, 사회주의 페미니스트들, 보수주의 페미니스트들, 교차성 페미니스트들 등등이 이러한 논쟁의 주인공이었다.

여기서 파워가 취하고 있는 태도에 페미니즘을 비정치화하고 있는 측면이 있다면, 그것은 파워가 언어에 대한 일종의 주권sovereign을 전제한다는 점에 있을 것이다. 언어에 대한 주권적 이해는 정치적 다툼을 위한 공간을 전혀 남겨두지 않는다. 그녀는 우리가 페미니즘이라는 용어를 사용하는 방식에서 서로 동의해야 할 뿐만 아니라 굉장히 명확해야 한다고 생각하며, 그렇게 할 수 없을 경우에는 페미니즘이라는 용어를 폐기해야 한다고 말한다. 페미니즘의 언어가 무엇을 의미해야 하는가와 관련해 명확한 합의가 있길 바라는 이러한 욕망은, 페미니스트들 사이에서 서로 의견이 불일치하는 경우가 없는 세상에 대한 욕망—페미니스트들 사이에서 더 이상 정치가 존재하지 않는 세상에 대한 욕망—이기도 하다. 페미니즘에 대해서 페미니스트들이 합의에 도달하길 기대하는 이러한 환상은 정치적으로 위험하다. 왜냐하면 이 환상은 우리가 서로에게 언제나 동의하리라 기대하도록 만들기 때문이다. 하지만 이는 사실 우리가 페미니스트들이 서로 갈등하게 되는 상황에 대해 전혀 준비가 되어 있지 않다는 점을 의미할 것이며, (아마 더 나쁘게는) 페미니스트들 사이에서 이견이 돌출되었을 때 우리가 그러한 불일치를 회피할 것이라는 점을 의미할 것이다. 왜냐하면 우리는 페미니스트들이 이미 모든 것에 동의하고 있다고 미리 전제해 버렸기 때문이다.

파워가 이 책에서 우리에게 주문하는 것처럼—어떻게 일정한 페미니즘 이데올로기가 집단적 조직화와 구조적 분석으로부터 다른 곳으로 우리의 주의를 돌리고 있는지에 대해 주목함으로써—우리가 페미니즘을 새롭게 정치화해야 한다면, 우리는 다양한 페미니즘 '들'을 위해 싸울 준비가 되어 있어야 할 것이다. 파워가 제안하는 것처럼 우리는 이 싸움을 페미니즘이라는 단어가 가진 의의에 대한 전투의 형태로 치를 수도 있을 것이다. 혹은 우리는 페미니즘을 주권적으로 통제해야 할 필요성이 없다는 걸 받아들이고, 이와는 다른 정치적 투쟁에 관여할 수도 있을 것이다. 예컨대 페미니즘의 다른 판본들보다 우월한 것으로서 우리가 지지하는 판본의 페미니즘을 위해 싸우고, 다원적인 페미니즘들이 다양한 전망을 위해 다양한 방식으로 병존하고 분투하는 세상을 만들기 위해 싸우는 정치적 투쟁 말이다. 나는 이것이야말로 파워가 빈티지 포르노에 대한 자신의 분석을 통해 가능하게 만든 페미니즘의 전망이라고 믿는다. 이는 욕망의 다중성을 표현하는 것을 허용하기에 충분할 만큼 포용력 있는 페미니즘일 것이고, 통제에 대한 어떠한 충동도 거부하는 아나키적인 페미니즘일 테지만, 그럼에도 불구하고 여전히 모종의 성취를 추구하는 페미니즘일 것이다.

페미니즘, 혁명보다 더 포괄적인

백래시 이후의 페미니즘

2009년에 출간된 니나 파워의 『도둑맞은 페미니즘』은 미국과 영국에서 페미니즘을 둘러싼 총성 없는 전쟁의 양상이 어떻게 변화했는가를 비판적으로 조명하는 책이다. 1980년대까지만 해도 페미니즘에 대한 반격은 반동 세력이 진보주의자들을 공격하는 진영 싸움의 형태를 띠고 있었다. 레이건과 대처의 보수화 바람을 타고 반동 세력은 1970년대 페미니스트들이 이룬 성취들을 전면적으로 부정하려고 했다. 얼마 전 국내에도 소개된 『백래시Backlash』에서 수전 팔루디Susan Faludi가 상세히 묘사했듯이, 학자와 언론인, 의사들이 합세한 여성들에 대한 공격은 전방위적으로 이뤄졌다. 이들의 주장에 따르면, 젊은이들이 결혼을 하지 않는 이유는 여성들이 교육을 받았기 때문이며, 출산율이 저조한 것은 여성들이 일을 하기 때문이고, 아이들이 적절한 보살핌을 받지 못하는 이유는 엄마들이 이기적으로 변했기 때문이었다. 가족이라는 전통적 가치로 무장한 반反페미니스트들은, 여성들에게 자상한 엄마나 순종적인 아내의 역할로 돌아갈 것을 종용했다.

하지만 1990년대를 기점으로 페미니즘을 둘러싼 전쟁의 양상은 확연하게 달라졌다. 블레어와 클린턴이 대변했던 진보적 신자유주의progressive neoliberalism*의 시대정신은 비록 노동이나 경제적 불평등 문제의 해결은 차후로 미뤄 두었지만, 다양성과 여성 인권, 다문화주의는 전향적으로 끌어안았다. 덕분에 성 정체성/지향이나 인종, 출신 등에 상관없이 능력에 따라 공평한 기회가 제공되어야 한다

---

*   진보적 신자유주의 개념에 대해선 Nancy Fraser, "The End of Progressive Neoliberalism," *Dissent*, January 2, 2017 [국역 「진보적 신자유주의의 종언」, 김성준 옮김. 『말과활』 13호(2017년 봄)]을 보라. 프레이저가 주로 미국의 사례를 가지고 민주당의 노선을 '진보적 신자유주의'라고 비판하고 있다면, 타리크 알리Taliq Ali는 비슷한 견지에서 영국과 유럽의 중도 좌파들이 신자유주의에 투항했다고 주장한다. 그는 중도 좌파의 우경화가 진보와 보수의 정책적 차이를 무의미하게 만들었다며, 이러한 현상을 지칭하기 위해 '극단적 중도파'라는 개념을 사용했다. Taliq Ali, *The Extreme Centre*, New York: Verso, 2015 [국역 『극단적 중도파』, 장석준 옮김, 오월의봄, 2017]

는 발상이 적어도 표면적으로는 상식과 규범으로 자리 잡게 된다. 이에 발맞추어 점차 공적인 토론장이나 미디어에서 노골적으로 차별을 부추기는 혐오 표현들은 사라지게 되었다. 언젠가부터 비차별주의와 다양성에 대한 포용을 강조하는 진보적 신자유주의자들에게 성차별주의자들이나 인종주의자들은 더 이상 상대가 되지 않는 것처럼 보이기 시작했다. 그러나 이것이 여성의 적들에게 페미니즘이 궁극적으로 승리를 거두었음을 의미한 것은 아니다. 이제 공론장에서 패색이 짙어졌다고 판단한 적들은 무조건 페미니즘을 거부하는 대신에, 페미니즘의 언어를 훔쳐서 자기 것으로 삼는 전략을 채택했다. 파워의『도둑맞은 페미니즘』은 이 새로운 전략이 본격화되는 1990년대 후반부터 2000년대 초반까지를 비판적 검토의 대상으로 삼고 있다.

누가 페미니즘을 훔쳤나

페미니즘의 언어를 누군가가 훔쳤다면, 도대체 누가 도둑인가? 파워의 주장에 따르면, 도둑은 한둘이 아니고, 도둑질의 방식도 제각각이다. 안타깝게도 이 새로운 싸움에서는 보수주의자들은 물론이고 진보적인 자유주의자들조차 여성의 편이 아니었다.

이 책에 등장하는 첫 번째 도둑은 군사주의 매파들이다. 2000년대 초반, 이라크나 아프가니스탄 같은 이른바 '불량국가'에 대한 군사적 공격을 정당화하기 위한 근거가 필요할 때, 이들은 매스꺼울 정도로 감상적인 방식으로 페미니즘의 언어를 소환해 왔다. 느닷없이 페미니스트 투사로 거듭난 조지 W. 부시 행정부의 주요 인사들은 '탈레반과 이슬람 근본주의자들에게 손톱을 뽑혀 가며 신음하는 중동의 여성들을 외면할 건가!'라고 외치면서 전쟁에 대한 지지를 호소했다. 하지만 같은 기간 부시는 낙태 정책을 지원하는 국제 가족계획 단체들에 대한 재정 지원을 중단했을 뿐만 아니라 '여성에 대한 모든 형태의 차별 철폐에 관한 협약CEAFDW, Convention on the Elimination of All Forms of Discrimination against Women'을 비준하는 것도 거부했다.

두 번째 도둑은 오로지 여성을 권력의 최상층에 올리는 것만이 여성해방의 길이라고 외치는 언론과 미디어다. 이들은 여성의 실질적 삶의 조건을 개선하고 차별과 억압의 근본적인 구조를 변화시키는 문제는 뒤로 제쳐두고, 현존하는 위계제 안에서 권력의 상층부에 오른 여성에게만 주목한다. 하지만 마가릿 대처나 콘돌리자 라이스가 그러했듯이, 이들은 때때로 다른 여성의 삶을 파탄에 이르게 만든 정책의 집행자가 여성 지도자였던 경우도 적지 않았다는 사실을 애써 외면한다. 이들의 입장에 따르면 '여성의 삶을 실질적으로 변화시킬 대책은 무엇인가'라는 구조에 대한 질문은 '고위직에 몇 퍼센트의 여성이 있는가'라는 대표에 대한 질문으로 손쉽게 환원될 수 있다. 기업의 여성 임원이나 여성 고위공무원, 여성 정치인은 이제 그들이 여성이라는 사실과 그 자신들이 차지한 지위에 따라서만 평가될 것이다. '과연 고위직에 진출한 여성으로 인해 평범한 여성들의 삶이 더 나아졌는가'라는 질문은 효과적으로 사라져 버린다.

이 책이 고발하는 세 번째 도둑은 여성에 대한 유연한 착취를 마치 여성해방의 주요한 성과라도 되는 양 포장하는 현대 자본주의 노동시장의 이데올로기다. 이 이데올로기는 멋지게 차려입은 성공한 전문직 여성의 이미지를 내세우며 자기정당화를 꾀한다. 여전히 여자들이 남자들에 비해 박봉의 질 낮은 일자리에 머무르는 경우가 많다는 사실은, 구조적 문제라기보다는 자신의 능력과 선택에 따라 감수해야 할 개인의 문제로 취급된다. 임신과 출산, 양육의 부담도 여전히 여성에게 맡겨지지만, 그로 인해 여성이 받을 수 있는 고용상의 불이익은 개개인이 책임져야 할 선택의 결과로 여겨진다. 한편으로는 과거까지 여성 노동만의 특징이었던 고용의 불안정성이 성별을 가리지 않고 보편화되었다. 이렇게 모두의 노동을 '여성화'시켜 버린 노동시장의 이데올로기는, 모든 노동자들이 자기가 가진 모든 것을 속속들이 자본화함으로써 스스로를 '걸어 다니는 이력서'로 빚어낼 것을 강요한다. 현대의 노동자들은 언제 어디서나 자기 자신을 광고해야 한다. 신체적 외양이나 태도 같은 개인적인 영역은 물론이고 오프라인과 온라인의 인간관계마저 빈틈없이 관리하면서, 자신이 언제나 준비된 노동자임을 증명해야 한다. 자기 관리를 열심히 하는 전문직 여성이 현대 노동자와 여성해방의 모범적 표본이 되는 것은 당연한 일이다. 그러나 그 화려한 이면 뒤에는 언제나 예기치 못한 임신이나 가정에서의 문제로 고용주를 실망시키지 않기 위해 전전긍긍하는 임시직 여성 노동자가 있다.

이 책에서 가장 중요하게 다뤄지는 네 번째 도둑은 여성의 해방이란 오로지 더 많은 상품을 살 수 있는 구매력을 의미한다고 주장하는 이른바 '소비자 페미니즘'이다. 2000년대 초반에 미국에서 특히 성공을 거둔 이 부류의 페미니즘은 가부장제적 자본주의라는 억압의 구조를 변혁시키지 않고서도 여성이 해방될 수 있다고 광고한다. 소비자 페미니즘은 한때는 여성에 대한 구조적 억압을 극복하려는 집단적 노력이었을 페미니즘을, 현대 자본주의가 모범으로 여길 만한 개인주의적이고 자유주의적인 성공의 이상으로 교체하고자 한다. 소비자 페미니즘의 새로운 정의에 따르면 페미니스트란 자신의 능력과 매력을 믿고 성공적으로 경력을 개발하고 이끌어 가는 여성이며, 그러한 성공을 바탕으로 원하는 재화들을 아낌없이 구매함으로써 누구보다도 행복하고 충만한 삶을 사는 여성이다. 그동안 "가부장제를 처부수자!" 같은 한때는 급진적이었을 페미니즘의 구호는 분홍색 티셔츠나 배지, 에코백 등에 새겨져 온라인 쇼핑몰의 상품 목록에 오른다. 이제는 자기계발서가 되어버린 페미니즘 도서와 함께 이 상품들은 행복한 쇼핑 천국의 거주자들에게 호소할 것이다.

요컨대 파워에 따르면, 오늘날의 페미니즘은 제국주의적 군사 개입을 정당화하고, 노동시장에 등장한 새로운 유형의 착취를 은폐하기 위해 활용된다. 자기효능감을 증진시키는 패션 아이템이나 화장품, 성형 수술 기법을 광고하기 위해서는 물론이고, 남성 중심적 조직 문화 안에서 예외적으로 살아남은 여성 지도자나 기업인에게 찬사를 보내는 데도 '페미니즘'이라는 단어는 감초처럼 빠지지 않는다. 이제 페미니즘은 모든 것을 의미하지만 동시에 그렇기 때문에 아무것도 의미하지 않는 말이 되어 버렸는지도 모른다. 페미니스트들의 주장은 더 이상 남자들이나 기득권에게 두려움을 불러일으키지 않는다. 『가디언』지의 편집장 캐서린 바이너Katharine Viner가 말하는 것처럼 "페미니즘은 이제 참된 평등을 위한 싸움을 제외한 모든 것들을 위해 활용된다."(41쪽) 파워는 상황이 이 지경에 이르렀는데도 "어떠한 체계적인 정치적 사유에도 착수하지 않는 것처럼 보이는 오늘날의 긍정적이고 낙천적인 페미니스트들"을 비판한다.(22쪽)

파워는 가부장제와 자본주의를 정면으로 겨냥하지 않고 여성 개개인의 해방을 이야기하는 페미니즘은 '일차원적'인 것에 그친다고 주장한다. 물론 현존하는 구조적 억압의 문제를 건드리지 않고서도 여성이 스스로가 원하는 것을 선택하는 일은 여전히 가능할지 모른다. 그러한 여성의 자발적 선택을 페미니즘의 이름으로 정당화하는 작업에는 적지 않은 의의가 있을 것이다. 하지만 파워가 볼 때 오늘날의 일차원적 페미니즘의 문제는, 그러한 작업에 만족한 채 더 이상 문제의식을 진전시키지 않는다는 데 있다. 『일차원적 인간』의 저자 허버트 마르쿠제의 표현을 빌리자면, 여성 개개인이 "자신에게 부과된 필요를 자발적으로 재생산한다"는 사실이, 그 자체로 개인의 자율성이나 해방으로 이어지는 것은 아닐 것이다. 억압적이고 위계적인 체계가 모범적이고 바람직하게 여기는 것들이 여성들에 의해 자발적으로 선택된다는 사실은, "개인의 자율성"이 아니라 오히려 "통제의 유효성"을 증언한다.(23쪽) 파워는 페미니즘이 어떻게 하면 지금의 '일차원성'을 벗어던지고, 제국주의와 소비주의라는 도둑들로부터 자신의 위대한 가능성을 되찾아 올 수 있을지 고민해 보자고 제안하고 있다.

2009년과 2018년

과연 2000년대 초반의 영국과 미국 사회에 대한 분석을 담은 이 책의 문제의식이, 출간된 지 십 년 가까이 지난 지금도 유효하다고 할 수 있을까? 이 책의 출간을 전후해 전 세계가 겪은 금융위기는 실로 여러 가지 측면에서 변화들을 가져왔다. 파워가 한국어판 서문에서도 지적하고 있듯이, 경제위기에 대응하는 동안 영국을 포함한 세계 곳곳에서 채택된 긴축정책은 사회보장 제도와 공공 부문의 대대적인 축소를 가져왔다. 물론 이로 인해 가장 큰 타격을 입은 것은 "가장 나중에 고용되고 가장 먼저 잘리는" 처지에 있는 여성이었다. 사회가 20대 80, 아니 심하게는 1 대 99의 승자 대 낙오자의 구도로 급격하게 양극화되어 온 만큼이나, 여성도 계급에 따라 분열됐다. 그리고 페미니즘 담론도 예외가 될 수는 없었다.

파워가 이 책에서 비판했던 '소비자 페미니즘'은 자본주의의 승자를 위한 페미니즘으로 살아남았다. 이러한 유형의 페미니즘은 특히 미국의 대중 매체에서 여전히 건재함을 과시하고 있다. 소비자 페미니즘은 현재의 가부장제적 자본주의 하에서 이미 크고 작은 성공을 이뤘거나, 성공을 꿈꾸는 여성들 사이에서 인기가 있다. 이들은 '여성들이 스스로의 잠재력을 믿고, 보다 나은 결정을 내리며, 남자들과 주체적으로 싸워 이기라'고 주문하는 자기계발서형 페미니즘 서적의 판매고를 든든하게 지탱한다. 뿐만 아니라 남자들과의 경쟁에서 싸워 이기는 페미니스트 스타들은 주류 미디어를 통해 지금도 계속해서 배출되고 있다. 지난 미국 대통령 선거 기간 동안 도널드 트럼프의 감정 조절 문제와 여성 혐오 발언을 정면으로 다루면서 일약 페미니즘의 아이콘으로 떠오른 방송인 메긴 켈리Megyn Kelly의 경우는 콕 집어서 언급할 가치가 있을 것이다. 권력을 가진 남자에게 당당히 맞서고, 이전 직장과 비교해 훨씬 높은 연봉을 받으면서 이직할 수 있는 여성 방송인은, 평소의 정치 성향과 상관없이 훌륭한 페미니스트로 칭송받아야 마땅할 것이다 (켈리가 당시 친 공화당 성향인 〈폭스뉴스〉 채널의 진행자였다는 점을 감안할 때, 그녀의 부각은 누구도 예상하지 못한 일이었다). 소비자 페미니즘에 따르면, 페미니스트란 누구보다도 행복하고 충만한 삶을 누리는 성공한 여성이니까 말이다.

하지만 (영국과 미국처럼 경제적으로 심각하게 양극화된 사회에서는 당연한 일이겠지만) 모든 여성들이 이처럼 현 체제에서 성공을 희망할 수 있는 처지에 있는 것은 아니다. 이 때문에 소비자 페미니즘이 자본주의의 낙오자가 되어버린 여성들의 입장을 제대로 대변하지 못한다는 비판은 정기적으로 재등장하고 있다. 강조점은 각기 다를지라도 오늘날의 페미니즘이 과거의 급진성을 회복할 필요가 있다는 주장 역시 꾸준히 제기되어 왔다. 파워의 책 외에도 제사 크리스핀Jessa Crispin의『나는 왜 페미니스트가 아닌가*Why I Am Not a Feminist*』나, 국내에도 번역 소개된 낸시 프레이저Nancy Fraser의『전진하는 페미니즘*Fortunes of Feminism*』(특히 9-10장을 보라) 등이 이와 같은 비판을 제기한 대표적인 책들이라고 할 수 있다. 물론 '다른' 페미니즘에 대한 수요가 언제나 이처럼 건설적인 비판과 성찰의 형태로 표출된 것은 아니다. 트위터와 일부 온라인 커뮤니티를 중심으로 세력을 넓히고 있는 근본주의적 유형의 페미니즘은 오래전에 기각된 본질주의적 입장에 따라 여성을 일정한 생물학적 특징을 공유하는 단일 집단으로 상정한다. 이들의 주장들 중 일부는 여성에 대한 구조적 억압에 다시금 주의를 요청한다는 점에서 경청할 가치가 있을지도 모르겠다. 하지만 이들은 이슈몰이를 위해서 종종 대중의 소수자 혐오 정서를 동원한다는 점에서, 체제의 근본적 변혁을 촉구하던 1970년대의 급진 페미니즘보다는 체제의 패배자들에게 혐오의 언어로 호소하고자 하는 요즘의 우파 포퓰리즘을 더 닮아 있다. 이 근본주의적 페미니스트들은 스스로를 '급진' 페미니스트라고 부르고 있지만, 성 중립 화장실 설치에 대한 반대나, 트랜스젠더 의료 지원에 대한 반대에서 보이듯이, 이들의 의제는 급진적이라기보다는 방어적이고 퇴행적이다.

한편 우리는 한동안 영국과 미국 사회에서 진지하게 여겨지지 않았던 반反페미니즘적 주장들이 백인 우월주의와 우파 포퓰리즘의 부상과 함께 복귀하고 있다는 사실에도 주목해야 할 것이다. 일부 백인 저소득층/중산층 노동계급 남성들은 클린턴에서 오바마로, 블레어에서 캐머런으로 이어지는 지난 20여 년 간의 진보적 신자유주의의 흐름에서 자신들이 배제당하고 억압당해 왔다고 믿고 있다. 이들은 자신들의 기대 소득 수준이 하락한 이유와 자신들의 문화적 주도권이 급격하게 상실된 이유를 경제구조의 변화가 아니라, (그들이 생각할 때 부쩍 목소리가 커진) 여성이나 이민자들로부터 찾는다는 공통점이 있다. 미국에서 이들은 오바마를 계승하겠다고 공언한 힐러리 클린턴 대신에, 여러 건의 성추행 혐의를 받고 있는 여성 혐오자 도널드 트럼프를 대통령으로 선택했다. 영국에서 이들은 정책 실패와 경제난의 책임을 자국 정부와 정치인들에게 묻는 대신 EU와 이민자들에게 비난을 돌리는 브렉시트를 지지했다. 포퓰리즘과 함께 새롭게 부활한 백인 우월주의가 단순히 진부한 여성 혐오 발언이나 인종 차별적 발언을 반복하는 데 그치지 않고, 시민적 자유나 인권, 법치, 평등 같은 민주주의적 가치마저 경멸하고 부정한다는 사실에는 특별한 주목이 필요하다. 이는 여성을 위한 최소한의 제도적, 정책적 마지노선 역시 위협을 받을 수 있다는 뜻이겠기 때문이다.

빌 클린턴에서 버락 오바마로 이어지는 진보적 신자유주의의 계승자로서 비차별주의와 다양성에 대한 포용을 강조했던 힐러리 클린턴은 지난 미국의 대선 기간 동안 스스로를 당당하게 페미니스트라고 규정했다. 대통령에 도전하는 여성 정치인이 당당하게 스스로를 페미니스트로 선언할 수 있게 된 것은 일견 커다란 진보인 것처럼 생각된다. 하지만 이 책에 등장하는 사라 페일린의 경우가 그러했던 것처럼, 클린턴의 진취적이고 포용적인 페미니즘의 이면에는 분쟁지역에 대한 적극적 군사적 개입을 주장하는 그녀의 제국주의적 대외정책이 있었다.* 한편 트럼프의 취임일

---

*   클린턴의 제국주의적 페미니즘에 대한 비판으로는 Zillah Eisenstein, "Hilary

에 맞춰 열린 2017년과 2018년의 여성행진은 '여성'의 이름을 걸고 전국에서 수백만 명의 인원을 동원하는 데 성공했다. 하지만 구심점이 될 만한 메시지를 내보내는 데 어려움을 겪고 있는 탓에 정치적 파급력이 기대에 미치지 못하고 있다. 힐러리 클린턴의 대권 도전과 여성행진의 성공은 페미니즘이 미국에서 폭넓은 대중적 호소력을 가지게 됐음을 보여주지만, 동시에 파워의 지적대로 페미니즘이 예전의 급진성과 에너지를 상실한 것이 아닌지에 대한 우려를 자아내기도 한다.

힐러리 클린턴 못잖게 영국의 총리 테레사 메이Theresa May도 일면적인 평가가 힘든 인물이다. 메이가 여성의 권리 신장을 위한 일부 정책들을 적극적으로 추진했던 것은 사실이다. 내각에서 가장 중요한 자리 중 하나인 내무장관을 여성으로 임명하는 한편, 직접적이고 물리적인 폭력뿐만 아니라 강압적이고 통제적인 행동까지 규제하는 가장 광범위한 가정폭력 방지 법안을 도입하기도 했다. 부모 모두가 육아휴가를 사용할 수 있게끔 허용하는 정책을 지지했고, 낙태에 대한 법적 규제를 완화하는 법안과 여성 할례를 금지하는 법안 등을 지지하기도 했다. 그러나 극우 정치

Clinton's Imperial Feminism", *The Cairo Review of Global Affairs*, Fall 2016을 보라.

인으로서 메이는 여성의 이익에 반하는 많은 정책들의 추진자이기도 하다. 특히 그녀가 추진했던 사회보장 정책의 축소와 세제 개편안에 의해 주로 희생당한 사람은 여성이다. 여성예산그룹Women's Budget Group이 내놓은 통계에 따르면 사회보장 예산 삭감과 세제 개편에 따르는 부담의 85퍼센트는 (안 그래도 경제적으로 취약한 상황에 처해 있는) 여성이 고스란히 지게 된다. 주로 정부 보조금에 의존해 오던 여성 극빈층과 여성 저임금 노동자(그리고 그들의 아이들)의 인권과 건강이 사각지대에 놓이게 됐다. 그녀의 반反이민 정책이 난민 여성들에 대한 성적 학대나 폭력을 묵인한다는 지적도 있다. 그렇다면 우리는 메이를 여전히 페미니스트라고 부를 수 있는가?*

도널드 트럼프 미국 대통령의 딸이자 정권의 실세로 평가받는 이반카 트럼프Ivanka Trump 역시 스스로를 페미니스트로 규정하는 데 전혀 주저하지 않는다. 그녀가 표방하는 페미니즘은 여전히 출산과 육아의 담당자로서 여성의 전통적 역할을 강조한다는 한계는 있지만, 최소한 기독교 우파의 입김으로부터 자유로울 수 없는 공화당의 당론보다는 훨씬 진보적이다. 하지만 이반카의 씩씩하고 당당한 페

---

* 메이와 페미니즘의 긴장관계에 대해서는 Rhiannon Lucy Cosslett, "Theresa May says she's a feminist. Let's ask her to eradicate period poverty", *The Guardian*, December 13. 2016을 보라.

미니즘이 아버지 트럼프의 성추행 혐의와 여성 혐오 발언에 대한 비판을 희석시키기 위해 활용되고 있음을 부정하기는 힘들다.[*] 물론 모든 포퓰리스트들이 이반카처럼 페미니즘의 겉치장을 뒤집어쓰려고 노력하는 것은 아니다. '미국의 일베'라고 할 수 있는 올트-라이트Alt-Right 운동을 이끄는 마일로 이아노풀로스Milo Yiannopoulos는 매우 당당하게 "페미니즘은 암보다 더 나쁘다"고 주장한다. 그의 말을 극우주의자의 미친 헛소리로 치부하지 않는 사람들이 미국 사회에 더 이상 무시할 수 없는 규모로 존재한다는 사실이 우리를 놀랍게 한다. 그나마 이반카가 이들보다는 낫다고 해야 할까?

이처럼 파워의 『도둑맞은 페미니즘』은 제1세계의 정치적, 사회적, 문화적 대혼란이 시작되는 시점에 출간됐다고 할 수 있다. 페미니즘의 언어를 탈취하려는 시도는 진영을 가리지 않고 여전히 이뤄지고 있고, 여성 각자가 속한 계급에 따라 페미니즘도 분열하고 있는데, 다른 한편으로는 포퓰리즘과 결탁한 반동적 반反페미니즘까지 복귀하고 있다. 다양한 변화의 양상들이 한꺼번에 중첩됨에 따라, 무엇이 전진이고 무엇이 뒷걸음질인지, 누가 아군이고 누가 적

---

[*] 이반카 트럼프가 페미니즘의 언어를 훔치고 있다는 주장에 대해서는 Jessica Valenti, "The Empowerment Trap: Ivanka Trump and the Art of Co-Opting Feminism", *The Guardian*, November 15, 2016을 보라.

군인지도 파악하기 힘겨운 상황이 계속되고 있다. 요컨대 상황은 이 책이 묘사하던 2000년대 초반보다 훨씬 더 복잡해졌다. 도저히 한 시대에 공존할 수 없는 것들이 동시적으로 공존하는 '비동시성의 동시성' 현상은, 더 이상 1930년대의 바이마르 공화국이나 1990-2000년대의 한국 같은 후발 민주주의 국가의 전유물이 아니다. 어쩌면 이 사실이야말로 한국에서도 파워의 책이 시의성을 확보할 수 있게끔 만들어 주는 것인지도 모르겠다.

한국

　박근혜 전 대통령의 당선에서 탄핵에까지 이르는 과정은 페미니즘이 경험한 가장 황당한 도둑질의 사례들 중 하나로 기록될 것이다. 박근혜를 당선으로 이끌기까지 그녀의 인기를 뒷받침했던 것은 박정희 전 대통령이라는 전근대적 군주에 대한 향수였다. 그녀의 당선과 페미니즘 정치의 성취는 전혀 무관했다. 박근혜 본인은 단 한 번도 여성 인권을 지지하는 발언을 한 적이 없었으며, 대선 기간은 물론 재임 기간 중에도 친여성적인 정책에 제대로 힘을 실어준 적이 없었다. 물론 더 많은 여성 정치 지도자의 필요성을 역설하면서, 박근혜에 대한 지지를 주장하는 페미니스트들이 아예 없었던 것은 아니었지만 말이다. 요컨대 박근혜 전 대통령은 '여성'으로 대통령에 당선된 것이 아니었다.

하지만 탄핵의 과정에서 그녀가 '여성'이라는 사실은 유독 부각됐다. 박근혜의 무능과 직무유기에 대한 비판은 종종 머리 모양이나 성형 시술 같은 그녀의 다소 유난하다 싶은 외모 관리의 문제와 연결되었다. 이는 그녀가 '여성'이라는 사실에 대한 공격으로 이어졌다. 그녀의 협소한 인재풀이나 원활하지 않은 의사소통 문제도 역시 잘 삐치고 (?) 포용력이 없는 여성으로서의 성격적 결함과 함께 비난받았다. 이를 바탕으로 급기야는 '여성은 앞으로 대통령이 되어서는 안 된다'라는 반동적인 결론을 내놓는 사람들까지 등장했다. 우리는 촛불시위라는 위대한 저항이 이끈 헌정 사상 초유의 평화적이고 민주적인 탄핵의 과정에서, 한 번도 '여성'으로서 활동한 적이 없는 한 우파 정치인의 몰락이 '여성 정치'를 탄핵하는 근거로 활용되는 반동적 흐름을 목격했다. 비양심적인 극우 세력에게 권력을 도둑맞아 놓고 왜 애꿎은 여성들더러 도둑이라며 화를 내는 건지 이해할 수 없는 노릇이지만 말이다.

같은 기간 온라인에서는 페미니즘적 가치를 표방하는 여초 커뮤니티들이 큰 성공을 거두었다. '메갈리아'라는 이름의 커뮤니티는 페이스북과의 소송 비용을 마련하기 위한 크라우드 펀딩에서 1억 원을 넘게 모금하는 데 성공하기도 했다. 이에 힘입어 페미니즘 서적 출판이나 페미니즘 연구소 후원, 티셔츠 판매 등을 위한 크라우드 펀딩이 연이어 성사되었다. 또한 온라인 커뮤니티와 SNS를 통해 공유되던 성폭력 피해 여성들의 경험담은 여성들 간의 연대의식을 구축하면서 최근의 미투 운동으로 이어지는 주요한 계기를 마련했다. 또한 여성의 권리에 대한 대중의 관심들이 높아지면서 여러 페미니즘 서적들이 서점의 베스트셀러 목록에 올랐고, 낙태죄 폐지와 차별금지법 입법 같은 중요한 의제들이 활발하게 논의되기 시작했다. 박근혜를 파면하고 치러진 대통령 선거에서 더불어민주당의 문재인 대통령 후보는 급기야 '페미니스트 대통령'이 되겠다고 선언하면서 꽤 포괄적인 여성 정책 패키지를 내놓기도 했다. 얼핏 한국은 미국의 1970년대와 비견할 만한 페미니즘의 대부흥기를 맞이하고 있는 것처럼 보인다.

그러나 좀 더 자세하게 들여다본다면 상황이 희망적이지만은 않다. 자칭 '페미니스트' 대통령은 여성계의 요구에 그리 잘 반응하지 않는 것으로 드러나고 있다. 책을 통해 저열한 젠더 의식을 드러낸 탁현민 행정관을 끝끝내 감싸는 한편, 낙태죄의 폐지나 차별금지법 도입에 대해서 계속

유보적인 태도를 고수하고 있다. 대선 후보 때부터 젠더 이슈에 대한 보수 기독교계의 반발을 줄곧 의식하는 모습을 보이더니, 급기야 '성평등이냐 양성평등이냐'라는 용어 사용의 문제를 놓고, 여성부 장관이 보수 기독교계의 지도자들을 방문해 해명하는 굴욕적인 모양새를 연출하기도 했다. 외교부와 고용노동부, 환경부, 보훈처 등의 수장을 여성으로 임명한 것은 일견 진보라고 할 수 있겠지만, 문재인 정부가 표방하는 페미니즘은 보다 많은 여성을 고위직에 배치하겠다는 제한적인 약속 안에 머물러 있는 것으로 보인다.

문재인 정부의 전략이 2000년대 초반 영국과 미국의 자유주의자들처럼 페미니즘의 언어를 훔쳐서 스스로를 진보적인 이미지로 꾸며 내는 데 초점을 맞추고 있다면, 1980년대의 백래시나 2010년대의 포퓰리즘을 연상시키는 흐름도 있다. 영국과 미국에서 반反페미니즘을 주도하는 세력이 대체로 우파였다면, 한국에서는 그러한 흐름에 좌우가 없다는 게 특징적이다. '나는 꼼수다'라는 영향력 있는 팟캐스트의 진행자였던 김어준 씨는 진보 인사들을 공격하려는 극우 세력의 공작에 의해 미투 운동이 왜곡될 수 있다고 주장했다. 이후 현 정부의 지지자들 사이에서, 어렵게 말할 용기를 낸 피해자들의 진정성을 의심하는 목소리가 커지고 있다. 조기숙 교수는 한술 더 떠 "공인의 일회적인 추행이나 사생활"을 폭로하는 것이 아니라 "위력과 위계에 의한 반복적이고 상습적인 성폭행"을 폭로하는 것이 진정한 미투임을 역설하면서 미투 감별사 역할을 자처하고 있다. 여성주의에 대한 전폭적 지지를 당론으로 하고 있는 정의당이라고 해서 별반 사정이 낫지는 않다. 당원게시판에는 오늘도 여성주의 당론에 어깃장을 놓는 사람들이나 당내 성폭력 사건에 2차 가해를 일삼는 사람들이 판을 치고 있다.

페미니즘 붐의 출발점이 되었던 온라인 커뮤니티들과 SNS도 상황이 그리 좋지는 않다. 온라인의 페미니스트들에게 가차 없는 비판의 대상이 되었던 '일간베스트'나 '오늘의유머' 같은 남초 커뮤니티는 여전히 건재한 반면에, 안타깝게도 페미니즘 붐을 주도적으로 이끌었던 범 메갈리아 커뮤니티들과 페이지들은 대부분 사라졌다. 당시에 등장한 수많은 대안적 커뮤니티 중에 그나마 살아남은 것이 하필이면 성소수자 혐오적 진술에 대한 동의 여부를 가입 요건으로 내거는 '워마드'다. 워마드의 일부 회원들은 영미권의 근본주의적 페미니즘을 수입하면서 성소수자 혐오에 대한 이론적이고 실천적인 정당화를 꾀하는 한편, 출판 사업 등을 통해 오프라인으로 활동 영역을 확대하고 있다. 나는 이들의 행보를 계속 낙관해도 좋은지 잘 모르겠다.

페미니즘의 재급진화를 위하여

이처럼 페미니즘은 한국의 이념 지형을 급격하게 재편하고 있다. 이 재편 과정의 한 축에는 페미니즘에 대한 관심 없이도 (심지어 여성의 목소리를 억압하고 무시하고도) 보편적인 인간해방이나 완전한 민주주의를 달성할 수 있다고 믿는 자칭 진보/좌파들이 있다. 다른 한 축에는 가부장제적 자본주의나 보다 구조적인 억압의 문제에 대한 관심 없이 개별적인 여성 의제만을 내세워서 여성해방을 이끌어낼 수 있다고 믿는 일부 페미니스트들이 있다. 『도둑맞은 페미니즘』은 둘 다 틀렸다고 말한다. 두 축이 만나지 못한다면 진보의 미래는 없다.

우선 페미니즘 없이 보편적인 인간해방은 없다. 페미니즘은 더 이상 보편적인 인간해방이라는 대과제 앞에 연대해야 할 특수한 한 분과 영역이 아니다. 오히려 여성 문제에 대한 고려 없는 기존의 해방에 대한 논의들이야말로 특수하고 불완전한 것이다. 페미니즘은 인간해방을 주장하는 진보 이론들 중에서 그저 특수한 한 분과를 이루는 것이 아니라, '보편성'을 지향하는 기존의 해방적 정치 이론의 한계를 지적하고 그 이론을 더욱 보편적인 것으로 재구성하고 완성해 내기 위해서 불가결한 시각이다. 파워가 쓰고 있듯이 "페미니즘은 페미니즘 없이 설명될 수 없는 많은 것들을 설명할 수 있는 세계를 보는 관점"(15쪽)이다. 그 관점을 누락한 진보는 반쪽짜리 진보를 넘어설 수 없다.

한편 파워는 소비자 페미니즘의 기대와는 다르게, 자본주의가 여성을 해방시켜주는 일은 없을 것이라고 주장한다. 물론 남성에 의한 여성의 지배의 역사는 자본주의의 역사보다 오래 되었다. 하지만 자본주의는 체제의 유지를 위해서 여성에 대한 억압과 착취에 의존하며, 그렇기 때문에 여성에 대한 구조적 억압을 지금의 형태로 재생산하고 유지하려고 한다. 파워가 지적하듯이 "페미니즘의 가장 영속적인 성취 중 하나는 가사노동과 재생산 노동, 임금노동 사이의 연결고리를 재정립했다는" 데 있다.(122쪽) 어떻게 스스로의 노동력을 내다팔기에 충분한 체력과 기능을 확보한 사람들이 계속해서 노동시장에 공급될 수 있는가? 자본주의가 그들을 낳고 기르고 보살피는 여성의 가사노동과 재생산 노동을 기본적으로 전제하기 때문이다. 페미니즘이 한때 '급진적'이었다면, 오로지 페미니즘만이 가부장제적 자본주의가 스스로의 질서를 유지하고 재생산하기 위해 의존하는 사적인 것과 공적인 것, 가정과 정치, 성적 관계와 사회적 관계의 연결고리를 근본적으로 문제 삼았기 때문이다. 이 책의 말미에서 파워가 급진 페미니스트 슐라미스 파이어스톤Shulamith Firestone을 인용한다는 것은 의미심장하다. 초기의 급진 페미니스트들은 자신들의 목표가 "급진적인 것the radical의 개념을 페미니즘을 포괄할 수 있도록 확장함으로써", 충분히 급진적이지 못했던 남성 중심적이고 여성 배제적인 좌파를 진정으로 급진화하는 것이라고 이해했다.* 파이어스톤은 급진 페미니즘의 정치적 목표를 묘사하는 데 "만약 혁명보다 포괄적인 말이 있다면 그것을 사용했을 것"이라고 당당히 말한 바 있다.** 이 책의 저자 역시 그녀의 말에 동의할 것이다.

『도둑맞은 페미니즘』이라는 제목에 대해

끝으로, 본서의 원래 제목은 『일차원적 여성』이지만, 우리는 한국어판을 위해 『도둑맞은 페미니즘』이라는 새로운 제목을 마련했다. 나는 이 제목이 눈과 귀에 쉽게 꽂히는 제목으로 요즘의 페미니즘 붐에 편승하려는 기회주의

---

*   Ellen Willis, "Radical Feminism and Feminist Radicalism", *Social Text*, 9/10, p. 93.

**   Shulamith Firestone, *The Dialectic of Sex: The Case for Feminist Revolution* (London: Paladin, 1970), p. 3 [국역 『성의 변증법』, 김민예숙 • 유숙열 옮김, 꾸리에, 2016, 13쪽]

적 발상에서 나온 것으로 오해받지 않기를 바란다. 이렇게 다소 과감한 편집상의 결정이 내려진 데에는 몇 가지 이유가 있다.

먼저 이 책의 제목이 패러디하고 있는 『일차원적 인간』이라는 책에 수반되는 문제점들이 있다. 독일 출신의 미국 철학자 허버트 마르쿠제의 『일차원적 인간』은 영어권의 독자들에게는 한 시대를 풍미했던 '비판이론'의 대명사와도 같은 책이다. 이 책은 1964년 출간 당시 미국에서만 10만 부를 넘게 팔아 치운 베스트셀러였다. 당시 마르쿠제는 강연 때마다 구름 같은 청중을 몰고 다니던 대중철학자였다. 하지만 한국어 독자들에게 마르쿠제는 그보다는 생소한 철학자다. 마르쿠제와 같이 프랑크푸르트 학파의 1세대에 속하는 아도르노나 호르크하이머와 비교해 보아도, 국내에서 마르쿠제에 대한 학문적/대중적 관심이 그리 높다고는 할 수 없다. 이 때문에 나는 『일차원적 여성』이라는 제목을 유지할 때, 저자가 의도한 바들이 한국 독자들에게 제대로 전달될 것이라고 확신할 수가 없었다.

마르쿠제의 책 자체가 가진 한계점들도 이 책의 원래 제목을 포기하는 방향으로 내 판단을 이끌었다. 『일차원적 인간』은 과거의 비판이론들로부터 흔하게 발견할 수 있는 '외양'과 '본질'의 이분법적 도식에 여전히 의존하고 있다.

이 도식에 따르면, 한편에는 현대 소비 사회가 약속하는 자율성과 해방의 '외양'에 만족하는 계몽되지 않은 '일차원적인' 대중들이 있고, 다른 한편에는 이들이 보지 못하는 사회적 과정의 전체적 연관, 즉 '본질'을 간파하는 특권적인 인식론적 위치를 점유한 지식인이 있다. 당연히 이러한 이분법적 도식은 '일차원적'인 일반 대중과 그를 극복한 지식인 사이에 지적 능력의 위계가 있다고 가정하면서, 사회 변화의 잠재력을 파악할 수 있는 탁월한 상상력을 가진 지식인이 대중을 이끌어야 한다는 주장으로 나아간다. 나는 1960년대의 비판적 지식인이 가진 특유의 엘리트주의가 제목과 함께 파워의 책에 옮아 오는 걸 우려하지 않을 수 없었다. 특히 이 책의 제목이 이제 막 여성에 대한 구조적 억압이라는 문제를 인식하고 지적으로 발전 중인 한국의 젊은 페미니스트들을 '일차원성'에 머물러 있다고 폄하하는 것으로 읽혀서는 곤란하다고 생각했다.

제목 변경의 세 번째 이유는 이 책의 성격과 관계가 있다. 파워의 책은 비판이론의 새로운 방향을 체계적으로 제시하는 책이라기보다는, 비판이론을 기반으로 삼아 실험적인 방식으로 오늘날의 논쟁에 대한 정세적 개입을 시도하는 책이다. 이 책을 제대로 소개하기로 결정했다면, 한국의 독자들에게 이 책이 보다 정세적으로 다가올 수 있는 맥락을 마련해 주는 것이 필요하다고 생각했다. 원서와 저자에 대해 취해야 할 합당한 존중은 제목을 유지하는 것보다는 꼼꼼한 번역과 편집으로도 충분히 표현할 수 있지 않을까 하는 자신감도 있었다. 나는 『도둑맞은 페미니즘』이 본서의 원래 제목에는 충실하지 못했더라도, 저자의 문제의식과 실험적인 글쓰기에 대해서는 충분히 충실하다고 믿는다.

　『도둑맞은 페미니즘』은 쉬운 제목이긴 하지만, 그렇다고 해서 지적으로 안이한 제목은 아니다. 『일차원적 여성』이라는 원래의 제목이 "일차원성"의 극복을 통한 "해방"이라는 단선적인 그림을 제시한다면, 『도둑맞은 페미니즘』은 이 책의 논지를 잘 요약해 줄 뿐만 아니라 이 책이 과거에 촉발했던, 혹은 앞으로 촉발해야만 할 논쟁들 속으로 독자들을 초대한다. 과연 페미니즘은 누군가가 가지고 있다가 도둑맞을 수 있는 것인가? 우리가 무언가를 도둑맞았다면, 도대체 언제 누구로부터 무엇을 어떻게 도둑맞은 것인가? 그러나 만약 페미니즘이라는 것이 애초에 도둑질할 수 없는 것이라면 어찌 하겠는가? 우리가 아무것도 도둑맞지 않았다면, 우리의 상실감은 어디에서 오는가? 이 책의 새로운 제목은 언어와 주체, 정치의 관계에 대해 적잖은 생각할 거리를 독자들에게 던져 준다. 우리는 이 책의 한국어판을 위해 특별히 덧붙여진 미셸 퍼거슨의 비판적 해설을 이러한 논쟁을 시작하기 위한 실마리로 삼아볼 수도 있을 것이다. 퍼거슨은 파워와 마찬가지로 페미니즘의 재급진화와 자본주의 비판의 필요성을 긍정하지만, 유럽의 사회주의자 전통에 속한 지식인이 아니라 미국의 급진 민주주의자로서 미묘하게 다른 관점에서 급진화에 대한 이야기를 하고 있다.

　한편 정신분석학적 분석틀에 기대고 있는 철학 서적이나 사회 비평을 기웃거려 본 독자들이라면, 이 제목이 에드가 앨런 포의 단편 『도둑맞은 편지』를 겨냥하고 있다는 걸 쉽게 깨달을 수 있을 것이다. 어쩌면 이 소설의 등장인물과 마찬가지로, 우리는 페미니즘이라는 편지를 중심에 놓고 수건돌리기를 하듯이 끊임없이 자리를 바꿔 앉을 뿐, 애초에 누구에게도 페미니즘을 가지거나 되찾는 일은 가능하지 않은 게 아닐까? 페미니즘이 원래 있어야 할 자리를 알고 있다고 주장하는 사람들이 오히려 진실을 보지 못하는 자들인 것은 아닐까? 이 모든 정신분석학적 통찰들에 이미 익숙할 것이 분명할 파워는 왜 도둑을 잡는 경찰의 언어를 채택하고 있는 것일까? 그러한 수사적 전략이 겨냥하는 정치적 효과는 무엇일까?

인명해설

1 허버트 마르쿠제Herbert Marcuse(1898-1979)는 아도르노, 호르크하이머 등과 함께 프랑크푸르트학파 1세대를 대표하는 사상가다. 프로이트와 맑스, 하이데거 등의 통찰을 나름대로 종합해서 현대 자본주의의 사회적 통제를 비판할 수 있는 이론을 제시하고자 했다. 한국에는 『일차원적 인간』, 『에로스와 문명』, 『이성과 혁명』 등의 저서가 소개되어 있다. 『비판이론에 대한 케임브리지 지침서*The Cambridge Companion to Critical Theory*』를 편집한 프레드 러쉬Fred Rush에 따르면, 마르쿠제가 제시한 비판 이론의 특징으로 대략 세 가지 정도를 꼽을 수 있다. 1) 마르쿠제는 비판이론의 과제란 주어진 사회구성체로부터 '비본질적인' 부분이 무엇인지를 밝혀내고, 그 사회가 가진 변화를 향한 잠재력을 드러내는 것이라고 보았다. 그에게 '본질'이란 '어떤 특수한 역사적 시대에 조직화된 사회적 과정의 전체성'을 일컫는다면, '외양' 혹은 비본질적인 것이란 '그러한 전체성으로부터 고립된 개별요소'를 가리킨다. 2) 마르쿠제는 어떤 사회가 가진 변화의 잠재력을 파악하기 위해서는 상상력과 이성이 중요하다고 주장했다. 그에게 상상력이란, '나쁜 현사실성'과 보다 나은 것, 가능한 것을 본질을 고려해 병치할 수 있는 역량이다. 물론 이 상상력이 현재의 과제들과 유리되지 않으려면 '이성'이 전제되어야만 할 것이다. 3) 마르쿠제는 '행복'과 '노동'의 일치를 추구한 사상가이기도 하다. 그는 '행복'이란 개인의 모든 잠재성이 실현되는 것이라고 이해했다. 그는 어떤 사회가 필요에 따라 재화의 생산과 분배가 자유롭게 이뤄지게끔 구성될 수 있다면, 그러한 사회에서 노동과 행복은 궁극적으로 일치하게 될 것이라고 주장했다. 현대 사회에서 노동이 행복하지 않은 까닭은 그것이 소외된 노동이기 때문이다.

2 파올로 비르노Paolo Virno(1952-)는 이탈리아 철학자이다. 현재 로마대학에서 철학을 가르치고 있다. 1970년대 로마, 밀라노, 토리노의 공장 노동자들과 함께 다양한 형태의 정치활동을 벌였다. 1979년에는 안토니오 네그리 등과 함께 반체제 무력단체 구성 혐의로 옥고를 치르기도 했다. 언어철학에 대한 관심에서 출발해서 새로운 정치적 주체의 출현 문제나, 의사소통의 윤리적 차원 등의 다양한 주제들을 자신의 비변증법적이고 비환원론적인 유물론적 세계관 안에 결합하고자 시도하고 있다. 국내에 『다중』(김상운 옮김, 갈무리, 2004)이라는 책이 소개되어 있다.

3 콘돌리자 라이스Condoleezza Rice(1954-)는 미국 전직 정치인이다. 아프리카계 미국인 여성으로는 최초로 국무장관에 오른 인물로 미국의 66대 국무장관이자 조지 W. 부시 행정부의 두 번째 국무장관이었다. 미국의 적극적인 군사적 개입의 필요성을 강조하던 보수 강경파, 이른바 네오콘의 핵심인물이었다

4   아얀 히르시 알리Ayanan Hirsi Ali(1969-)는 현재 미국에서 활동하고 있는 소말리아 출신의 시민운동가이다. 이슬람 내부의 여성차별을 강력하게 비판하고 무슬림 여성의 자기결정권을 옹호하면서 이름을 알렸다. 2003년 네덜란드에서 하원의원으로 당선되기도 했으나, 국적 논란으로 임기를 채우지 못하고 2006년 사퇴했다. 2013년 미국으로 이주해 미국 시민권을 획득했다. 미국에서 보수주의적 성격을 가진 단체들과 활동을 함께하는 행보를 보이면서 자신의 정치적 경력을 위해 이슬람 여성의 인권 문제를 악용한다는 비판도 종종 받고 있다.

5   핌 포르퇴인Pim Fortuyn(1948-2002)은 네덜란드 극우 포퓰리스트 정치인이다. 자신의 이름을 딴 정당(리에스트 핌 포르퇴인Lijst Pim Fortuyn, LPF)을 만들고 선거운동 기간 동안 무슬림 이민자들의 유입에 반대한다는 견해를 적극적으로 표명함으로써 인지도를 높였다. 2002년 총선 직전 암살당했으나, 그가 이끌던 LPF는 17퍼센트를 득표하며 네덜란드 원내 제2정당이 되는 큰 성공을 거둔다

6   린지 절먼Linsey German(1951-)은 영국의 좌파 활동가다. 반전운동 단체 '전쟁을 멈춰라 연합Stop the War Coalition' 창립회원이다. 한때 사회주의 노동자당 Socialist Workers Party의 당원으로 있으면서, 『사회주의자 리뷰Socialist Review』라는 당 기관지를 편집하기도 했으나 2010년 탈당했다.

7   질라 이젠스틴Zillah Eisenstein(1948-)은 미국의 페미니스트 정치학자다. 현재 이타카 칼리지 정치학과 석좌교수를 지내고 있다. 인종갈등, 이민자 문제, 신자유주의의 부상 등 다양한 현대 사회의 쟁점들이 가부장제와 어떻게 교차하는지를 주로 연구해 왔다

8   사라 페일린Sarah Palin(1964-)은 미국 정치인이다. 알라스카 주의 전직 주지사였으며, 2008년 미국 대통령 선거 당시 아리조나의 상원의원인 존 매케인 공화당 대통령 후보의 러닝메이트로 함께 출마했으나, 민주당의 버락 오바마-조 바이든 조합에 패배했다. 2009년에는 『불량해지기Going Rogue』라는 제목의 자서전이 출간됐는데, 2백만 부 이상의 판매고를 올렸다. 여전히 보수 성향의 텔레비전 시사 프로그램에 진행자나 논평자로 출현하면서 인기가 건재함을 과시하고 있다. 2016년 대선에서는 공화당의 도널드 트럼프 후보를 지지하는 찬조연설을 하기도 했다

9   자크-알랭 밀레르Jacques-Alain Miller(1944-)는 프랑스의 정신분석학자다. 프로이트대의학교École de la Cause freudienne와 세계정신분석학회의 창립회원이다.

1992년부터 2002년까지 세계정신분석학회 회장을 지내기도 했다. 자크 라캉 세미나 시리즈의 유일한 편집자이다.

10 제시카 발렌티Jessica Valenti(1978-)는 미국의 유명 블로거이자 페미니스트 작가이다. 2004년 '페미니스팅feministing'이라는 블로그 사이트를 만들었다. 2007년에 젊은 여성들의 욕망 추구와 성취를 긍정하는 『전면적 페미니즘Full Frontal Feminism』이라는 저서를 내놓으며 영향력 있는 작가로 도약했다. 2011년부터는 영국의 진보 언론 『가디언』지의 고정 칼럼니스트로 활동하고 있다.

11 세골렌 루아얄Ségolène Royal(1953-)은 프랑스 정치인이다. 2004년부터 2014년까지 푸아투-샤랑트Poitou-Charentes 주의 주지사를 지냈다. 2007년 대통령 선거에서는 사회당 대통령 후보로 출마했다. 당시 수권 정당에서 지명한 최초의 여성 대통령 후보로 큰 기대를 모았으나, 결선에서 47퍼센트를 득표하는 데 그치며 53퍼센트를 득표한 우파의 니콜라 사르코지 후보에게 패배했다. 프랑수아 올랑드 전 대통령과 30년 이상을 동거하면서 네 명의 자녀를 두었으나 2007년 결별했다. 2008년 사회당 당수 선거와 2011년 대선 후보 경선에서 연이어 패배하고, 2012년 총선에서는 의석을 얻는 데 실패하는 등 정치적 부침을 겪기도 했으나, 2014년 올랑드 행정부의 환경에너지부 장관으로 임명되며 중앙정치에 복귀해 건재함을 과시했다.

12 캐사 폴리트Katha Pollitt(1949-)는 미국의 페미니스트 시인이자 문화비평가다. 페미니즘, 인종주의, 낙태권 등의 주제로 『워싱턴포스트』와 『네이션』지 등의 언론에 글을 기고해 온 유명한 진보 성향의 칼럼니스트이기도 하다

13 캐서린 바이너Katharine Viner(1971-)는 영국 언론인이자 극작가이다. 2015년 『가디언』지의 첫 번째 여성 편집장이 되었다.

14 알랭 바디우Alain Badiou(1937-)는 프랑스 철학자다. 존재, 진리, 사건 등의 개념들을 독창적으로 사유하고, 공산주의 이념의 부활을 주장하는 철학자로도 잘 알려져 있다. 정치 참여에도 적극적이어서 파리 테러나 트럼프의 당선 같은 정치 현안에 대해서 논평을 내놓기도 했다. 『조건들』(이종영 옮김, 새물결, 2006), 『사도 바울』(현성환 옮김, 새물결, 2008), 『철학을 위한 선언』(서용순 옮김, 길, 2010), 『세기』(박정태 옮김, 이학사, 2014), 『행복의 형이상학』(박성훈 옮김, 민음사, 2016) 등의 저서가 한국에 번역되어 있다.

15　데이비드 애로노비치David Aaronovitch(1954-)는 영국 언론인이다.『더 타임즈』지에 정기적으로 칼럼을 기고하고 있다. 토니 블레어 전 총리의 강력한 지지자였으며, 2003년에는 이라크 전쟁을 옹호하는 입장에 섰다

16　크리스티나 모리니Christina Morini(1963-)는 이탈리아 언론인이자 독립연구자(정치학)다. 여성의 노동 조건과 노동시장의 변화 등에 관해 주로 논문을 발표해 왔다

17　데이비드 하비David Harvey(1935-)는 영국 출신의 맑스주의 지리학자다. 지리학자답게 서구의 비판적 사회이론과 철학에서 별로 주목받지 못했던 '공간'이라는 문제를 중요하게 다루고자 했다. 예컨대 자본주의의 과잉축적이 어떻게 무분별한 도시화로 연결되는가와 같은 질문이 그의 관심사이다. 국내에는 맑스의『자본』을 해설하는 강의록으로도 잘 알려져 있다.『희망의 공간』(최병두 옮김, 한울, 2009),『포스트 모더니티의 조건』(구동회 외 옮김, 한울, 2013),『파리, 모더니티』(김병화 옮김, 생각의나무, 2010),『신자유주의: 간략한 역사』(최병두 옮김, 한울, 2017) 등의 저서가 번역되어 있다.

18　애드리언 앤서니 길A. A. Gill(1954-2016)은 영국의 비평가다.『선데이타임즈』,『GQ』,『배니티 페어』등의 잡지에 레스토랑 리뷰와 텔레비전 프로그램 비평을 주로 기고했다.

19　애비 티트머스Abi Titmuss(1976-)는〈헬스키친〉을 비롯한 다수의 텔레비전 프로그램에 출연한 영국 배우다. 성인잡지를 위한 글래머 모델이나 포커 선수 등으로도 활동했다.

20　애나벨 청Annabel Chong(1972-)은 미국에서 주로 활동했던 싱가포르 출신의 전직 포르노 배우다. 10시간 동안 70여 명의 남성들과 성행위를 하는 포르노 작품에 출연해 큰 상업적인 성공을 거뒀고, 그녀를 주인공으로 하는 다큐멘터리도 제작된 적이 있었다. 2003년에 은퇴를 선언했다.

21　글로리아 스타이넘Gloria Steinem(1934-)은 미국의 페미니스트 사회운동가이자 작가, 언론인이다. 1960년대 말에서 1970년대 초 여성운동의 지도자로 미국 전역에 이름을 떨쳤다. 1972년에는 여성운동을 대변하는『미즈』라는 잡지를 창간하고 15년간 편집장을 지내기도 했다. 국내에도 소개된『셀프혁명』(최종희 옮김, 국민출판, 2016)은 스타이넘의 자전적인 이야기를 담은 책이다. 자신이 어떻게 이혼 가정의 소녀가장에서 전 세계 여성들의 멘토로 성장할 수 있었는지 경험담을 이야기하면서, 여성들이 자긍심

을 회복하고 긍정적인 삶의 태도를 가질 것을 조언하고 있다. 스타이넘은 지난 2016년 대선에서 힐러리 클린턴을 공개적으로 지지했으며, 전국을 순회하며 페미니스트 동료들과 유권자들에게 클린턴에 대한 지지를 호소했다.

22 에이리얼 레비Ariel Levy(1974-)는 『뉴요커』지의 전속작가다. 『여성 우월주의자 돼지들』이라는 책은 동시대의 페미니즘이 처한 상황에 대한 성찰을 담고 있다. 레비는 '막 나가는 여자들'이라는 포르노 프랜차이즈의 제작과정을 며칠 동안 따라다니면서 취재한 뒤, 오늘날의 젊은이들이 어떤 생각으로 천박한 대중문화의 제작과정에 참여하고 있는지를 비판적으로 논의한 것으로 잘 알려져 있다.

23 저메인 그리어Germaine Greer(1939-)는 영국의 워윅 대학에서 영문학을 가르치고 있는 호주 출신의 페미니스트다. 1970년 『여성, 거세당하다The Female Eunuch』라는 책을 출간했는데, 이 책으로 인해 제2의 물결 페미니즘을 대표하는 인물 중 한 명으로 여겨진다. 이 책에서 그리어는 여성성이나 여성다움이란 결국 남성들이 가진 판타지를 충족시키기 위해 여성에게 종속적인 역할이 강요된 결과로 만들어진 것이라고 주장한다. 그녀는 여성들이 남자들의 개입 없이 스스로의 가치와 운명을 정할 자유를 얻기 위해 투쟁해야 한다고 강조한다. 그리어는 1997년 트랜스젠더 여성이 여대에 입학해서는 안 된다고 주장하다가, 트랜스 혐오 논란에 휘말린 적이 있다. 2015년에는 그녀의 트랜스젠더에 대한 입장에 공감하지 않는 학생들의 반대로 인해 카디프 대학에서의 강연이 취소된 바 있다. 하지만 그리어는 이후 인터뷰들에서 "트랜스젠더 여성을 여성으로 볼 수 없"으며 "남성이 자기 성을 바꿀 수 있게끔 하는 것은 불공정한 일"이라고 주장하며, 자신의 입장을 철회하지 않았다.

24 크리스티나 리치Christina Ricci(1980-)는 미국 배우다. 〈아담스 패밀리〉, 〈몬스터〉, 〈슬리피 할로우〉 등의 영화에 출연했다. 현재는 『위대한 개츠비』의 작가 스캇 피츠제럴드의 아내 젤다의 일대기를 다룬 드라마 〈Z: 모든 것의 시작〉에 주연으로 출연하고 있다.

25 베티 프리던Betty Friedan(1921-2006)은 미국 여성운동가이자 작가다. 1963년 『여성성이라는 신화The Feminine Mystique』라는 책을 출간하여 1960년대 말 미국 여성운동의 중흥기를 이끌었다. 1966년 전미여성협회(NOW)를 공동설립하고 초대 회장을 지내기도 했다.

26 이세벨은 구약성경의 열왕기에 등장하는 인물이다. 페니키아 출신의 이교도였

지만, 이스라엘의 7대 왕 아합의 아내가 된다. 남편과 아들들을 꼬드겨 야훼 대신 바알 신을 숭배하고 야훼의 선지자들을 살해하는 등의 악행을 저지른 것으로 묘사된다. 한동 안은 왕의 아내로, 그 다음엔 왕의 어머니로 오랫동안 이스라엘에서 막강한 권력을 행 사했으나, 결국은 야훼교도 예후의 반란에 의해 최후를 맞는다. 니나 파워는 오늘날의 안정적인 여성성에 대한 묘사가 노동시장의 필요에 의해서 만들어진 것이지, 여성에 대 한 근본적인 인식 전환을 의미하는 게 아님을 잘 지적하고 있다. 필요하다면 언제든 다 시 여성은 사회를 혼란에 빠뜨리는 존재, 즉 남자에 의해 진압되어야만 할 사악한 이세 벨로 묘사될 것이다

27 휴 해프너Hugh Hefner(1926-2017)는 플레이보이 엔터프라이즈 주식회사의 창업자다. 1953년 성인잡지『플레이보이』를 창간했다. 1963년에 제인 맨스필드의 누드 사진을 냈다가 외설죄로 체포된 적이 있지만, 실형을 선고받지는 않았다. 해프너는 자신 이 모든 성적인 위선에 항거하는 성혁명가 내지 사회운동가라고 주장한 바 있다.

28 아누셰 안사리Anousheh Ansari(1966-)는 이란계 미국인 공학자이자 사업가 이다. 2006년 우주에 간 첫 번째 이란인이자, 자비로 우주여행을 다녀온 첫 번째 여성 승 객이라는 기록을 세웠다.

29 페이 웰던Fay Weldon(1931-)은 영국 소설가다. 여성의 삶을 작품의 소재로 다 루지만, 주류 페미니즘의 논리와는 화해하기 힘든 접근방식 때문에 많은 논란을 일으켰 다. 1967년 첫 장편소설『뚱녀의 농담The Fat Woman's Joke』이라는 작품으로 데뷔했 으며, 지금까지 30여 편의 작품을 발표해 왔다. 한국에는 1999년 작『에덴의 악녀 Godless in Eden』(김석희 옮김, 쿠오레, 2008)라는 작품이 소개되어 있다.

30 앨리슨 벡델Alison Bechdel(1960-)은 미국의 만화가다. 레즈비언으로서 본인 의 자전적 이야기를 담은『펀 홈Fun Home』(이현 옮김, 움직씨, 2017)이라는 작품이 한 국에 소개되어 있다.

31 찰스 스트로스Charles Stross(1964-)는 영국 출신의 SF, 판타지 작가다.『유리 감옥』(김창규 옮김, 아작, 2016)이라는 작품이 한국에 소개되어 있다.

32 베라 히틸로바Vera Chytilová(1929-2014)는 체코의 아방가르드 영화감독이다. 1960년대 체코의 '새로운 물결' 흐름을 대표하는 감독 중 한 명으로, 당대 사회주의 리 얼리즘과 남성 중심주의를 과감하게 조롱한 작품들로 알려져 있다.

33   안드레아 드워킨Andrea Dworkin(1946-2005)은 미국의 급진주의 페미니스트 작가다. 포르노그래피가 강간을 비롯한 여성에 대한 폭력과 밀접한 관계가 있다는 주장을 펼친 것으로 유명하다. 1980년대 포르노그래피에 반대하는 급진주의 페미니스트들의 모임을 결성하고, 캐서린 맥키넌 등과 함께 포르노그래피를 금지하는 입법 활동에 참여했다. 지금은 모두 절판되었지만『포르노그래피: 여자를 소유하는 남자들』,『신에게는 딸이 없다』같은 저서들이 한국에 소개된 바 있다.

34   존 버거John Peter Berger(1926-2017)는 영국 출신의 소설가이자 비평가다. 미술뿐만 아니라 인문학과 사회 전반의 문제에 걸쳐 비평 활동을 해 왔다.『다른 방식으로 보기』(최민 옮김, 열화당, 2012)『우리가 아는 모든 언어』(김현우 옮김, 열화당, 2017) 등 다수의 저술이 한국에 번역되어 있다.

35   웬디 브라운Wendy Brown(1955-)은 미국의 정치학자다. 캘리포니아 대학 버클리 캠퍼스 정치학과와 수사학 전공의 교수로 있다. 정치사상사와 19세기와 20세기의 대륙정치철학, 비판이론, 현대 자본주의 이론 등을 주요 연구 주제로 삼고 있다. 한국에는『관용: 다문화제국의 통치전략』(이승철 옮김, 갈무리, 2010)과『민주주의 살해하기』(배충효 외 옮김, 내인생의책, 2017) 등이 번역되었으며, 그밖에도『벽으로 둘러싸인 국가들과 쇠퇴하는 주권*Walled States, Waning Sovereignty*』,『엣지워크*Edgework: Critical Essays on Knowledge and Politics*』등의 주요 저서가 있다.

36   안젤라 카터Angela Carter(1940-1992)는 영국 소설가이자 언론인이다.『타임』지에서 '1945년 이래 가장 위대한 영국 작가 50인' 중 한 명으로 선정된 바 있다. 한국에는『피로 물든 방』(이귀우 옮김, 문학동네, 2010)이라는 작품이 소개되어 있다.

37   사무엘 베케트Samuel Beckett(1906-1986)는 아일랜드 출신 작가다. 1969년 노벨문학상을 수상했다.『고도를 기다리며』,『말론, 죽다』를 비롯한 상당수의 작품들이 여러 출판사를 통해 한국어로 번역되어 있다.

38   두산 마카베예프Dušan Makavejev(1932-)는 세르비아 영화감독이다.〈WR: 유기체의 신비〉라는 그의 영화 제목에서 WR은 오스트리아의 정신분석학자 빌헬름 라이히Wilhelm Reich의 이름에서 머리글자를 따온 것이다. 마카베예프는 자신이 추종하고 숭배하던 라이히의 이론을 영화에 도입해 실험적인 성적 묘사가 담긴 작품들을 많이 만들었다

39　빌헬름 라이히Wilhelm Reich(1897-1957)는 오스트리아의 정신분석학자다. 성적 억압이 대중들로 하여금 권위주의와 파시즘을 욕망하게 만든다고 믿었다. 인간의 자연스러운 성욕을 해방시켜야 하며, 노동은 즐거움에 근거해 수행되어야 한다고 주장했다. 주저 『파시즘의 대중심리』(황선길 옮김, 그린비, 2006)를 비롯해 『오르가즘의 기능』, 『성혁명』 등의 저작이 한국에 소개되어 있다.

40　오토 뮐Otto Mühl(1925-2013)은 오스트리아 출신의 미술가다. 1960년대 가학적이고 도발적인 퍼포먼스로 악명 높았던 '빈 행동주의'를 주도했다. 1970년대에 자유로운 성생활과 공동육아를 지향하는 공동체인 비엔나 코뮌을 만들어 무려 20년가량 유지해 왔다. 그러나 뮐이 자신이 만든 공동체에서 소아성애, 강간, 약물 복용 등을 해왔다는 혐의로 1991년 구속되어 7년간 복역하게 되면서 이 공동체는 와해되었다.

41　조제 베나제라프José Bénazéraf(1922-2012)는 '프랑스의 틴토 브라스'라는 별명을 가지고 있는 에로 영화감독이다.

42　슐라미스 파이어스톤Shulamith Firestone(1945-2012)은 주로 미국에서 활동했던 캐나다 태생의 페미니스트 작가다. 1960년대 말에서 1970년대 초 미국의 급진주의 여성운동을 주도한 인물 중 한 사람이다. 레드스타킹스와 웨스트사이드 그룹, 뉴욕의 급진여성들, 뉴욕의 래디컬 페미니스트 등을 비롯한 다양한 급진주의 페미니즘 단체들의 창립회원이었다. 1970년에 출간된 『성의 변증법The Dialectic of Sex』에서 여성의 억압은 궁극적으로 출산과 양육을 홀로 도맡게끔 만드는 여성의 생물학적 특징에서 비롯되며, 여성해방을 위해 과학기술의 힘을 빌려 생물학적 성차를 폐지해야 한다는 주장을 펼쳤다.

43　다니엘 콘-벤디트Daniel Cohn-Bendit(1945-)는 프랑스와 독일에서 활동하는 정치인이다. 68혁명 당시 '빨간 머리 대니'라는 별명으로 주목받은 학생 지도자 중 한 사람이었다. 유럽의회 의원을 지냈으며, 2004년부터 2014년까지 유럽의회 내의 '녹색당 및 자유동맹그룹'의 공동의장을 맡기도 했다.

44　토니 모리슨Toni Morrison(1931-)은 미국 작가다. 1988년에는 퓰리처상을 수상했으며, 1993년에는 흑인 여성작가가 최초로 노벨문학상을 수상한 미국 문학의 살아 있는 대모이다. 『빌러비드』(최인자 옮김, 문학동네, 2014), 『술라』(송은주 옮김, 문학동네, 2015) 등의 작품이 한국에 번역되어 있다.